美しきナチュラルガーデン

八ヶ岳山麓の自然派ガーデナーに学ぶ

監修／佐藤春子（シンプリーガーデン）

Beautiful Natural Gardens

はじめに

　草花や木々の自然の姿を大切にしながら作るナチュラルガーデンは、のびやかに咲く美しい花々や緑の葉からこぼれる木漏れ日が気持ちよく、その中にいると心が満たされていきます。

　この本では、八ヶ岳周辺に暮らす人たちのナチュラルガーデンを紹介しています。それぞれにその人らしさが表れた個性的で美しい庭です。みなさん自然を愛し、庭を愛し、植物とともにある暮らしを心から楽しんでいます。

　手をかけずに美しい庭を作ることはできません。手をかけるからこそ喜びも大きいのです。
　せっせと雑草を抜き、花がらや枯れた葉を摘み、病害虫をこまめにチェックし、土を耕し肥料をやり……植物の世話は毎日のように続きます。
　雪の中から緑の芽を出したときの感激、花が咲いたときのうれしさ、滴るような緑の清々しさ、冬枯れの庭でじっと春を待つせつなげさ……大切に育てれば育てるほど、植物が与えてくれるものの素晴らしさに気づきます。そして、人も植物もともに大きな自然のサイクルのなかで生かされていることを感じます。

　美しい庭を作るのに近道はありません。でもいくつかのコツがあることを、八ヶ岳のガーデナーたちは教えてくれました。実際の庭作りの中で見つけ出したポイントやアイデアを覚えれば、都会の小さな庭も素敵なナチュラルガーデンになるでしょう。

　ナチュラルガーデンの魅力は、植物たちの育つ力に合わせてゆっくりと作っていくことにあります。この本に登場する庭は、10年、20年かけてできてきたものばかり。歳月を経た庭の素晴らしさをお手本に、あなたの庭を作り上げていってください。

CONTENTS

はじめに ……………………………………………………………………………… 2

1章　八ヶ岳　憧れのナチュラルガーデン ……………… 7

Cottage Garden　イギリスの田舎家の庭のように
「シンプリーガーデン」佐藤春子さん ………………… 8

Herb Garden　愛らしいハーブの花が香り豊かに咲く
Y・Oさん ………………… 20

Leaf Garden　樹木と葉ものだけでダイナミックに
「サンディア・カフェ」小林規里さん ………………… 30

Shade Garden　日陰を生かしてしっとりと
川村和江さん ………………… 36

Rose Garden　バラに小花をプラスして優雅に可憐に
米山君江さん ………………… 48

Peaceful Garden　広い芝生と花たちでゆったりと
「ペンション われもこう」市川弘子さん ………………… 54

コラム①　ガーデンツールは長く愛用できるものを ………………… 62

2章　ナチュラルガーデンの作り方　7か条 ………… 63

1条　美しい花壇の作り方〜色、形、高さのバランスをとる ……… 64

大小の花を組み合わせ、リズムを作る ………………… 66

スッと伸びる花は優美な印象を作る ………………… 67

シックな多年草が、大人の庭を作る ………………… 68

パンチのある色合わせで、ビビッドな庭に ………………… 69

花壇におすすめの花図鑑 ………………… 72

2条　シンボルツリーで、フォーカルポイントを作る …………… 74
木漏れ日が気持ちいい、大きくなる木 …………… 76
季節を楽しませてくれる、中低木 …………… 80
食べる喜びも。実のなる木 …………… 81

3条　アーチ、ウォールで立体的な庭を作る …………… 82
アーチで奥行きと、わくわく感を演出 …………… 84
柵にもオベリスクにも、つる性の植物を絡ませる …………… 85
庭の美しさは背景で決まる。雰囲気のあるウォールを作ろう …………… 86
外壁につるを這わせ、家を花で包む …………… 87
絡まり、おおいかぶさる花で、優雅なコーナーを作る …………… 88
おすすめのつる性植物 …………… 89

4条　庭を引き立てる葉ものの上手な使い方 …………… 90
木の根元はグリーンのグラデーションで囲う …………… 92
緑の濃淡、斑入りの葉があれば、花がなくても美しい …………… 95
シルバーや赤銅色の葉で、葉もの使いの上級者に …………… 96

5条　歩きやすくて、見栄えのするアプローチ＆小径の作り方 …………… 98
枕木のアプローチで、庭との一体感を …………… 100
レンガや鉄平石で、趣のある小径に …………… 102
ウッドチップや砂利を敷いて、水はけよく、歩きやすく …………… 103
足元が楽しくなるグラウンドカバー …………… 104

6条　ベンチやガゼボで、憩いの場所を用意する …………… 106
緑と花に囲まれたベンチで、リラックスタイム …………… 108
ガーデンテーブルで、新鮮な空気とお茶を …………… 109
ガゼボや広いテラスを、楽しむのも八ヶ岳スタイル …………… 110

7条　雑貨や寄せ植えで、庭にアクセントをつける …………… 112
雑貨は自然素材で、存在感のあるものを …………… 114
寄せ植えは、ウェルカムの気持ちを込めて …………… 116
秋の寄せ植えを作ろう …………… 117

コラム②　詳しい花図鑑を1冊は持っていたい …………… 118

3章　八ヶ岳ガーデンの四季 ……119

季節の花が次々と咲く小さな丘　Landscape Garden
若宮稔美さん ……………………120

林の中の美しい四季　　Woodland Garden
南 汰水子さん ………………………132

ナチュラルガーデンを作ろう ………………………144
多年草　手入れカレンダー ………………………146

コラム③　庭の葉や木の実でリースを作ろう ……………150

イギリスガーデン紀行 ……………151

1章

八ヶ岳
憧れのナチュラルガーデン

美しい花が咲く庭、バラがいっぱいの庭、ハーブの庭、グリーンがメインの庭……ナチュラルガーデンにもいろいろなスタイルがあり、それぞれに魅力があります。
ライフスタイルや好みに合わせて、草花を選び、丹精込めて作ったみなさんの庭が、いちばん美しく輝く姿を、たっぷりとご覧ください。

Cottage Garden

イギリスの田舎家の庭のように
「シンプリーガーデン」佐藤春子さん

　石積みの塀に囲まれた庭に入ると、ここは外国かと見まがうほどの趣のある花園。やわらかい色の石壁をバックに、今を盛りの草花たちが美しく咲き誇っています。

　佐藤さん一家が東京の家を引き上げて、春子さんの故郷で暮らすようになったのは、20数年前。春子さんはそれまで、徹夜も当たり前の忙しい仕事をしていました。自宅を建てる予定の雑木林を拓きながら、ここをかつて訪れたヨーロッパの田舎町のような庭にしたいと思っていた矢先、ご主人が海外出張のお土産にイギリスのガーデニングの本を買ってきてくれました。その本を穴のあくほど眺め、お手本にしながら庭作りをしてきましたが、実際にこの目で見たいとイギリス行きを決意。B&Bに泊まりながら庭を見て回り、その美しさはもちろん、イギリス人の暮らしぶりにも感銘を受けました。帰国後、庭を作り直し、イギリスの家庭の庭、コテージガーデンへとまっしぐら。その後は試行錯誤しながらも、思い描いた庭に近づく楽しさを実感しています。

←門の手前の木には、ポールズヒマラヤンムスクが絡みついている。雰囲気のある石積みの門に引き込まれそう。
→濃い赤のノーティア、オレンジのカリフォルニアポピー、ブルーのゲラニウムなどが咲く花壇。濃い緑もバックの石垣がやわらかな印象にしている。

←庭の奥。ハニーストーンの石積みの壁で、雑木林と仕切る。
↓(上) 背の高いデルフィニウム、低いダイアンサスなど、花の高さもバランスよく。
(下) アーチ形のアンティーク窓もおしゃれ。

↑石垣の上部の石を縦に並べるのは、コーピングといって羊や山羊が逃げないための積み方。
→小さなピンクのつるバラ、ロサダビデが石を這う。

英国コッツウォルズ地方の
ハニーストーンで庭を囲む

　コッツウォルズ地方は、ハニーストーンと呼ばれるはちみつ色の石で作られた、家やウォールが美しい田舎町。この町の人々はハニーストーンに囲まれた庭に、草花やハーブを育てコテージガーデンを作ってきました。そんなコテージガーデンは、庭好きのイギリス人にとっても憧れです。
　イギリスの庭を目指すなら背景もコッツウォルズスタイルにしようと、佐藤さんはハニーストーンを取り寄せました。石職人と一緒に毎年少しずつ積み上げ、数年がかりでようやくここまで完成しました。着々と積み上がっていくウォールを見ながら「やっぱり背景は大切」と実感。庭がぐっと引き締まって見え、草花の瑞々しさが引き立つようになりました。
　さらに、グラベルガーデンと呼ばれる砂利を敷いた乾いた庭も作り、ペニセツムなどのグラス類やセダム類を植えて、花だけではない庭の魅力を多方面から見せています。
　春のオープンガーデンにはたくさんの人々が訪れ、異国の雰囲気漂う庭にため息をもらします。

↑(上) 白のオルレアとゲラニウム・プラセンテをベースに、ブルーのサルビアやピンクのバラ、オリエンタルポピーが彩りをプラスする。
（左）石を積み上げた花壇からゲラニウムの花をこぼれるように咲かせる。これは動きを出すテクニック。濃いブルーはベロニカ。奥にジギタリスやペンステモンが縦のラインを見せている。

↑(中) 紫の丸いアリウム・クリストフィーは背が低いので、手前に植え、他の小花と大小をつける。
（右）ルイズドベッドにするには、土留めが必要。花壇の縁取りにもなるので、庭に似合うものがいい。ウォールと同じハニーストーンでイメージを統一している。

草花もバラものびやかに咲く花壇。日当たりと水はけをよくしてやれば、花はそれに応えてよく咲く。

地面より高くした花壇は、見栄えだけでなく水はけ、通気性もよくなる

　佐藤さんは日本の英国王立園芸協会などでも、本格的に庭作りや植物の勉強をしました。この庭には、そこで学んだ知識も生かされています。

　花壇の床を上げることをルイズドベッドといいますが、こうすることで花壇の水はけと通気性がよくなり、植物が育ちやすくなります。さらに、見栄えも手入れのしやすさもアップ。この庭ではルイズドベッドの土留めにもハニーストーンを使い、花壇の縁も風合いよくしました。縁近くにはこぼれるように咲く草花を植え、ナチュラル感を出します。

　花壇の高さは、手前は38センチですが奥は70センチ。花壇を斜面にすることで、手前の花も奥の花もきれいに見えています。この庭の見事な花のグラデーションには、こんなテクニックが使われているのです。

←（左）赤いバラの下には、ブルーやピンクのシノグロッサム。細い花はペンステモン。（上中）ピンクのバラに白のポピーとオルレアで、やさしいイメージ。（上右）ブルーのニゲラとピンクのノーティアの繊細な取り合わせ。（下）シルバーグラスのエーデルワイスにセリンセやスペクラリアなど、多様な花が彩る。

↓入り口を入ると、目の前に広がるコテージガーデンに息をのむ。左手にも奥にも花壇は続く。

↑（上）ハニーストーンの石を埋め込んで作ったロックガーデン。アガベやトリトマがダイナミック。
（下）黄色い花はエレムレス、紫はアリウム・ギガンチウム。反対色の組み合わせと、造形的なおもしろさで目を引く。
（右）奥行きのある花壇に、多様な花のハーモニーが美しい。

ミッソーニの色使いをヒントに庭作り

　ミッソーニは"色の魔術師"といわれるファッションブランド。さまざまな色の糸が織り込まれたニットで知られていますが、佐藤さんが思い描くのはミッソーニのような色彩の庭。花の微妙な色合い、ボリューム、ラインなどを計算しながら植えています。濃いピンクのバラと青のシノグロッサムがコントラストを描き、黄色のエレムレスや紫のアリウムが存在感を放ち、レースのようなオルレアやアストランティアが繊細さを見せ……など全体を見渡したときの色の調和、近づいたときの隣り合う花同士の組み合わせ、どれもが絶妙な美しいハーモニーを見せています。
　佐藤さんは言います。「花は平和のシンボル。きれいな花を見て心が穏やかになっていただければ、ガーデナー冥利につきますね」

↑(左ページ左) バラとクレマチスが絡まり、日陰を作っているパーゴラ。この下を歩くと夢の中にいるよう。
(右) 右手のボーダーガーデン。オベリスクのあたりに曲線を描いてパーゴラへと続く小径がある。
(右ページ、左の上下) 要所要所にチェアが置かれ、いろいろな方向から庭を眺められる。
(右) 家の横の日陰のスペースにも、白いオルレア、赤いポピー、レディバードが咲き乱れている。

↓パーゴラの足元に咲くブルーの花は、キャットミント。パーゴラの中にもベンチが。

散策の小径、憩いのチェア……庭を存分に楽しむ

　帯状の細長い花壇をボーダーガーデンといいますが、この庭には、左右に幅広いボーダーガーデンがあります。左手のボーダーガーデンには石を敷いた小径があり、その突き当たりにパーゴラ、チェアとテーブルもあちこちに。眺めるだけではなく、歩いて楽しめ、座って憩えるような仕掛けも施され、全身で花の息吹が感じられるようになっています。

　この庭には消毒薬も、化学肥料も使われていません。そのおかげで土はふかふかで、花は元気で健康。佐藤さんは庭を作るようになって、自分の生活や自然との関わりを見直すようになりました。「健康で豊かな生活とは何かを、植物が教えてくれました」。その証がこの美しい庭です。

Herb
Garden

愛らしいハーブの花が香り豊かに咲く

Y・O さん

　色とりどりの小花が爽やかな香りを放っているOさん宅のハーブガーデンには、100種以上のハーブが植えられています。朝早く庭に出てひと回りし、まだ露を置いているハーブたちに、やさしく声をかけるのが、Oさんの日課です。

　Oさんが八ヶ岳山麓に引っ越してきたのは19年前。東京時代は、温室でたくさんの蘭の花を咲かせることに夢中でした。子どもたちが独立し、ご主人が亡くなり、自然の中の広い庭で大好きなバラや草花を育てながら心穏やかに暮らしたいと、この地に移住することにしました。

　「でも実際に住んでみると、まわりの風景と調和する庭がいいと思い、ハーブガーデンにすることにしました」と、雪をかぶった八ヶ岳と周囲に広がる田園風景を眺めて言います。

　庭のデザインは近所のガーデナーにお願いし、庭は一緒に作ってハーブの苗を植え込みました。

　「ハーブは地味な花が多いので、落ち着いた感じの庭になると思ったのですが、成長とともに量感が出て、力強くなってきました」

　夕方、庭の手入れをしていると、風が吹いてきて、ハーブたちが波打つように動く姿を見せます。ひときわ強い匂いに包まれながら、その美しさに思わず見惚れてしまうそうです。ハーブを育てながらハーブに癒され、パワーをもらっているというOさんは、80歳近いとは思えないほど、はつらつとしています。

↑広い空の下に広がる美しいハーブガーデンを、自宅の2階の窓から眺めるのも楽しい。赤やピンク、黄色の花がアクセントに。

→（上）たくさんのグロッソラベンダーが風に揺れ、匂い立つ。スモークツリーなどの木に囲まれたベンチで、ひと休みしながら庭を眺めるのもうれしい時間。
（下）赤い花をつけているのは、チェリーセージ。オベリスクに絡まるのはハニーサックル。高さのアクセントになって、見事な立体感を作り上げている。

↑八ヶ岳の澄んだ空気の中、のびのびと育つハーブたち。古いレンガを敷いた小径が庭によく似合う。手前のこんもりとした黄色の葉は、シモツケ。

←(上)手前の赤紫とピンクの花はモナルダ。奥にバーバスカムなど背の高い草花を植え、奥行きのある眺めになっている。
(中)手前はモナルダ、ヤローなど、奥にはラベンダーとロシアンセージを配して、高さのバランスをとっている。
(下)手前にタイムの小さい花、その後ろにヤロー、ラベンダー。奥の黄色い花はレディースベッドストロー。甘い香りがし、薬効もあり、染料にも使われるハーブ。

きれいに区分けされた花壇で
すくすく育ったハーブたち

　Oさんの庭は11の区画に分かれ、レンガの小径を歩きながらどこからでも庭を眺められ、手入れもしやすくなっています。
　レンガは、牛舎に使われていた古いもの。ガーデナーと一緒に洗って敷いていきました。そこに計算してハーブを植えていきましたが、いつの間にか自力で移動して、大きく茂っているものも少なくありません。「ちゃんと自分に合ったところを見つけて、賢いのよ」
　大きく育ったものは株分けをし、土を耕し直して植え、多すぎたらドライハーブにしたり、友人に分けたり。無理をさせずのびやかに育てるのが、気持ちいいハーブガーデンを作るコツのようです。

ハーブはかわいいだけじゃない
暮らしも豊かにしてくれる

　ハーブの花は小さくて楚々としていますが、よく見るとそれぞれに個性的な花をつけています。Oさんはけなげに咲くかわいいハーブの花を見ていると、つい笑みがこぼれてしまい、それぞれの香りの清々しさに、気持ちも体もリフレッシュしてくるそうです。
　ヨーロッパでは、薬効のある植物として利用されてきたハーブですが、Oさんはお茶にしたり、料理に使ったり、お客様の器に添えて出したりと、暮らしの中のさまざまな場面で、ハーブを活用しています。引っ越してきた当初は、家の中でも四六時中蚊取り線香をたいていましたが、ハーブを植えて2〜3年たったら、蚊がいなくなりました。これも香り高いハーブの効用です。

↑タイムの小花とロックソープワートが、ピンクの濃淡で愛らしい。タイムは清涼な香りがあり、肉などのにおい消し、風味づけに使われる。

↑（上段左）グロッソラベンダーの向こうは、レモンイエローのダイヤーズカモミール。マーガレットに似た花がかわいい。（右）紫色の穂のような花をつけているのは、ウォールジャーマンダー。（下段左）ラベンダーの中に咲く黄色い花のヤロー。（中）細い紫の穂花をつけているのは、セージの一種、サルビア・ヴァーティキラータ。（右）手前の白い花はマロウ。奥のダイヤーズカモミールとの組み合わせが絶妙。

↑アルケミラ・モリス。レディースマントルとも呼ばれ、明るい緑の葉が、ビビッドな印象をもたらす。

↑（上）ゼラニウムの一種、ペラゴニウム・ラベンダーズ。小さい花だが、夏の強い日差しの下でも力強く咲く。
（下）花壇の縁からタイムが、こぼれ咲く。

↑鉢植えはナスタチウム。葉も花も食用になり、葉はサンドイッチの具に、花はサラダに入れたりして楽しんでいる。

↑（上段左）サルビア・ヴァーティキラータの中に咲く赤い花と白い花は、エキナセア。花びらが外に垂れるように咲く。根は免疫効果があり、風邪の予防に効果的。（右）黄色や赤などいろいろな色があるヤローは、止血など傷の治療に使われてきたそう。
（下段左）アザミのような花を咲かせるカルドンは、アーティチョークの仲間で、食べられる。（中）鮮やかな紫のセージが香り高く咲く。（右）花火のように咲くモナルダ。ベルガモットとも呼ばれ、紅茶のアールグレイの香りづけに使われる。

↑豪快に白い花を咲かせているメドースイート。防虫作用がある。右後ろの濃い紫の花はリアトリス。
←（上）黄色い花はルー。独特の香りと殺菌作用がある。（中）赤い花をつけるパイナップルセージ。その名のとおりの甘い香りがする。（下）ムスクマロウの白い花。フレッシュティーなどにして飲むと爽やかな味。

↑（左）ナツユキカズラの白い花のアーチが、ダイナミックに門の上を飾る。
（右）アプローチに入るとソリダコの黄色、カンパニュラの紫など色とりどりの花が出迎えてくれる。

ハーブだけでなく
バラも草花も気持ちよく

↓赤い穂花が愛らしいペルシカリアが、花壇のアクセントになっている。

　雪が降っているかのように、白い花をたくさんつけたナツユキカズラのアーチをくぐると、アプローチの両側には草花の咲く花壇。ハーブガーデンは右手に広がり、家の軒や窓辺はピンクや白のつるバラが縁取っています。Oさんは、ハーブの庭を華やかにしてくれる花も、たくさん育てています。ポイントは、ハーブも他の花もベースの色を白、ブルー、薄いピンクと紫にし、赤や黄色は差し色に使うこと。やさしい色合いの中にビビッド感が出るからです。
　60歳近くで移住して、ハーブや花とともに暮らして20年。近所の人の手も借りながら植物の世話をしているOさんは、今日も庭から元気をもらっています。

↑初夏、家を縁取るようにつるバラが咲く。バラにはハーブとは違ったエレガントな花を咲かせる喜びがある。冬の間に剪定、誘引している。
→窓におおいかぶさるように咲くバラは、家の中から見ても楽しい。強い日差しも防いでくれている。

↓（左）ハーブの花の中でパンチの効いたオレンジ色の花を咲かせているのは、ガイラルディア。初夏から秋まで咲き続ける。
（中）ハーブガーデンの右側の花壇には、白いオルレアの中に咲くジギタリスなど、多くの草花が見られる。
（右）アーチの下にはブルーのゲラニウム。日陰を明るく彩り、足元にこぼれるように咲く。その向こうにナスタチウムの鉢が置かれ、アクセントになっている。

29

Leaf Garden

樹木と葉ものだけでダイナミックに

「サンディア・カフェ」 小林規里さん

↑細い葉をなびかせているのはススキ。秋になると穂を輝かせる。その向こうにカシワバアジサイが、控えめな白い花をつけている。この庭には花が少なく、そのほとんどが白。

初夏の日差しの中、八ヶ岳のふもとを車を走らせていると、涼しげな木立の中にS字を描くように小径があり、その向こうにサーモンピンク色の漆喰の建物が見えました。気持ちよさそうと思わず車を止めて入ってみると、そこはカフェ。カフェも庭も、オーナーの小林さんたちが2年がかりで作り上げたものだそうです。

小林さん夫妻は、20年近く前に神奈川県の湘南海岸から、ここ八ヶ岳のふもとに移り住みました。湘南ではたくさんの観葉植物を育てていて、それらも一緒の引っ越しでした。「子どものころから花よりも緑が好き。それも大きな葉っぱの南国風のものが好きで、冬になると家の中は鉢だらけだったんですよ」と、店の中で大きく育っている鉢を見ながら、小林さんは懐かしそうに言います。

ここはもともと雑木林で、松やカシなどの木々が生えていました。ポイントとなる木を残して切り拓くところから、庭作りはスタート。その中に小径を作り、スモークツリーやヤマボウシなどの木を植え、10年以上たってようやく木漏れ日が美しい木立になりました。

カフェのテラスの木漏れ日の中でお茶をいただくと、木々の中を通り抜ける風が涼しく肌をなでていきます。花の少ない緑中心の庭は、清々しく爽快。葉ものだけでも十分に美しく、満足させてくれることを、この庭は体感させてくれます。

→レンガで足元を囲っているのはヒメシャラの木。根元にシダが広がり、涼しげ。手前の石はもともとここにあったもので、つるが這い、苔が生えている。石の横には、オフホワイトの花を咲かせるスモークツリー。

緑のグラデーションを楽しむ

　木々の足元や小径、テラスの脇には葉ものが植えられ、緑のグラデーションを作っています。存在感を放っているのは緑や斑入りの葉の大きなギボウシ。淡い緑の斑入りのエゴポディウムがこんもりと茂り、フウチソウやススキの細い葉が風になびいています。地を這うように伸びているのは、矮小のコニファーやセダム類。さまざまな葉ものが形と色のバリエーションを見せています。
　「庭の手入れは面倒だから葉ものにしている」と小林さんが言うと、横で友人が「いつ見ても草むしりをしているのに」と笑います。
　緑の濃淡だけで大胆で素敵な庭を作り上げるには、常にそれぞれの緑のバランスをとり、余計な草や茂りすぎた葉を取り除くなど、こまやかな心配りが必要なのです。

↑駐車場から入ると、こんもりとしたグリーンのグラデーションがお出迎え。

←明るい緑の葉はフウチソウ・オーレア。右側にはセダムやコニファーのブルーカーペット。
↓小径の脇はレンガで仕切り、木や葉ものを植えている。斑入りの葉はエゴポディウム。グラウンドカバーに適した植物だが、増えすぎないよう注意している。

↑セダムのかわいい花を発見。少しだけ色のある花も。
←斑入りの植物が暗くなる木の根元を明るくしている。白い花が咲いている木はニワナナカマド。

↑枕木を置いて赤みのある砂利を敷いた小径が、日陰を明るい印象にしている。
→遠くからでも目に入るピンクの大きなスモークツリー。建物によく似合い、存在感も際立っている。

高い木と低い葉もので立体的に

　離れたところからでもパッと目につくふわふわしたピンクの花は、シンボルツリーのスモークツリー・ピンクファー。花の色と樹形のダイナミックさが建物によく似合い、とても印象的です。

　小林さんはここに店を開こうと決めたとき、肌色の漆喰塗りの丸みを帯びた建物がパッと頭に浮かびました。サンタフェで有名なアドベ建築です。実際に見てみようとサンタフェまで行き、いくつもの建物を訪ね歩きました。そして建てたのが、おおらかな南国を思わせるこのカフェ。

　この建物に似合う植物は、姿形がダイナミックなイメージのものと考えた小林さんは、もともと生えていた大きな木を数本残し、葉が大きめで豪快な木に育つスモークツリーやカシワバアジサイなどを植えました。花壇にはかわいい花ではなく、葉ものだけで大小や濃淡をつけ、すっきりと仕上げることに。リーフガーデンのお手本のような、緑だけで美しく瑞々しい庭の誕生です。

Shade
Garden

日陰を生かしてしっとりと

川村和江さん

　川村さんのお宅は南に南アルプスの甲斐駒ケ岳、北に八ヶ岳を望む絶景の地にあります。この風景がひと目で気に入った川村さん夫妻は、ご主人の早期リタイアとともに、13年前に神奈川県から移り住みました。
　川村さん宅の庭は、東側から入って北側の玄関に向かうというルートになっています。まず目に入るのは、東側の庭のピンクやブルーの花や、明るい色の葉をつけた爽やかな木々。草花の間を歩いて玄関に入ると、黄緑色、深い緑、赤銅色など、さまざまな葉ものたちが迎えてくれます。
　川村さんは子どものころから草花が好きで、花さえ育てていればニコニコしている娘さんだったそう。結婚して庭つきの家に住んだときも、どうやってあんなにたくさん植えていたのかと思うほど、庭いっぱいに花を咲かせ、近所のみなさんがよく見に訪れるほどだったそう。
　ところがここは標高1100メートル。温暖な神奈川県ではきれいな花を咲かせたものが、この寒冷地では育たないこともあり、しだいに野山に咲く花や、寒さに強い葉ものが増えていきました。何よりも、この豊かな自然にはナチュラルな草花が似つかわしいもの。「野草などの自然の植物は、日陰が好きなものが多いでしょう。私も日陰が好きになっちゃいました」と川村さんは笑います。園芸種でも野草に近い風情のものを選んで、日陰の庭に色を添えています。

↑北側の玄関の階段下は、細い葉の明るい色のギボウシで軽やかに。向こう側の高い木はコウヤマキ。常緑針葉樹の細い葉が涼しげ。

→庭の横を小川が流れ、橋を渡って小径に入る。せせらぎの両脇にはアジサイ。手前のピンクの花はアスチルベ。この花も寒冷地向きで、初夏を気持ちよく彩ってくれる。

南の芝生の庭に入る手前。シラカバの木などで日陰を作り、3種類のギボウシを植えている。大きなギボウシの下はクリスマスローズ。その下をタイムが這い、紫の花を咲かせている。

グリーンの濃淡で、日陰を楽しむ

　川村家のシンボルツリーは、大きなケリーズゴールドの木。黄緑色の葉が家の両脇を彩り、暗くなりがちな北側を明るくしています。その根元にはライムグリーンの葉のアルケミラが黄色の小花をつけ、木の下の小径の縁に並んだ何種類ものギボウシが、緑の濃淡でアクセントをつけています。

　玄関脇にも小さな斑入りの葉や銅葉などが地面を這い、その後ろでは、切れ込みがあるユニークな大きな葉の植物が、立体的な陰影を作り出しています。

　「葉ものは造形が美しいものがたくさんあって、長く楽しめるのがいいですね」と言う川村さんは、葉ものが似合う日陰の庭を積極的に楽しんでいます。

↑シンボルツリーのケリーズゴールドは、ホームセンターで1本680円で買ったもの。屋根に届くほど大きくなった。

↓赤銅色の葉はヒューケラ。斑入りの小さい葉は斑入りドクダミ。後ろの白い花をつけているのは野生のヤグルマソウ。花芽を伸ばしているのはリグラリア。色も形もさまざまな葉が、目を楽しませてくれる。

↓小径への入り口にあるポストの下は、フウチソウ。これも気候に合うのか、大きく育った。奥に見えるブルーの花はヤマアジサイ。

↓6月に川村家を訪れると、まずアジサイたちが迎えてくれる。ヤマアジサイはピンクでもブルーでも、落ち着いた色が魅力。

日陰や木の下でも輝くアジサイ各種

　アジサイが大好きな川村さんは、何種類ものアジサイを植えています。そのほとんどはヤマアジサイ。町役場でもらった苗を植えてみたことがスタートでした。そのアジサイがどんどん育ち、この土地に合っていることを実感。素朴で清楚な花も気に入ってさらに買い足し、ピンク、ブルー、白などの各種アジサイが初夏を楽しませてくれるようになりました。ここでは普通のアジサイは春先の寒さでせっかくついた花芽がだめになるのですが、ヤマアジサイは春過ぎて花芽をつけるので、花を咲かせることができます。「気候も風情もここに合っていますよね」

　さらにうれしいのは、アジサイは日陰や木陰が似合うこと。日当たりのいい場所よりも、ずっと花が輝いて見えます。おかげで家の東側はアジサイガーデンになりました。

↑小川の両脇に咲くアジサイ。手前のブルーのマイコは、花が小ぶり。その向こうにカシワバアジサイ。ヤマアジサイではないが野趣に富む。

↓ピンクのクレナイは、ガクアジサイのような花をつけ、素朴で愛らしい。グリーンを帯びた白のアジサイはアナベル。花は咲き進むと真っ白になり、また緑に変化する。

↓小川のせせらぎをおおうように咲くアジサイ。カシワバアジサイのワイルドな葉も野の雰囲気。

↓7月下旬。カツラの木の下に咲く、純白になったアナベルと、赤が濃くなったクレナイ。時間とともに花の色が変化していき、長く楽しませてくれる。

↓清々しいブルーのがく片が、重なり合って咲くシチダンカ。江戸時代からあるヤマアジサイで、細くとがった葉も野趣がある。

↓北側の小径脇も、東側もアジサイに囲まれた家。手前の穂状のピンクと白の花はアスチルベ。

↑赤い花はアスチルベ。その下の白い花はムラサキツユクサ。淡いピンクの葉はハクロニシキ。葉の色がピンクから白、白の斑入りへと変化する。
→薪小屋のほうまで植物が広がる。斑入りの葉はドクダミ、赤銅色の葉はヒューケラ。木はケリーズゴールド。

←(上段左)青紫色のクレマチス・デュランディ。
(右)可憐な赤のクレマチス・プリンセス・ダイアナ。紫色のプリンス・チャールズもある。
(下段左)真っ赤なかわいい花をつけるヒューケラは寒さに強い。
(右)クレマチス・プリンセス・ダイアナの下はシャクナゲとヤクシマシャクナゲ。その下に各種ヒューケラが、日陰を彩る。

半日陰を彩る花で
日当たりの悪い場所を清々しく

「少し暗い場所のほうが植物の色がきれいに見える」という川村さんは、日陰や半日陰に咲く花が大好き。家のまわりには何本も木が育ち、木と家と間には、葉ものやアジサイに交じって小さな草花が花を咲かせています。上品な紫色のミヤコワスレ、白いムラサキツユクサ、赤いツリガネ型のヒューケラ、レースのようなアストランティア……清楚で可憐な花たちです。「早春にはクリンソウが自然に芽を出して咲き、山野草好きにはすごくうらやましがられる」そう。そんな自然に咲いた花も大切に育てていますから、何種類の花があるかわからないほどです。

外壁やアーチにはクレマチスが絡まり、小川の脇ではスッと穂花を伸ばすアスチルベが立体感を生み出し、半日陰は草花でしっとりと美しく染められています。

↑（左）夢という名のオレンジのバラ。奥の赤く伸びているのは、ルピナス。
（右）ブルーのデルフィニウム、黄色のオウゴンヤグルマソウが輝く。

日当たりのいい南のデッキ側は季節の花が次々と咲く

↓南側の庭に至る斜面を黄色で埋めているのは、ヘリオプシス。

　この庭には、実は日当たりのいい広い場所もあります。南のデッキ側は、さんさんと日が入り、高い木で甲斐駒ヶ岳の雄姿をさえぎらないよう、周囲を低めの木で囲うようにしています。

　その中には西洋風の広い芝生が広がり、周囲には花壇が。日なたを好む多年草やバラのほか、早くから花が楽しめる一年草も毎年植え、次々と花が咲くようにしています。華やかな赤や黄色の花、あでやかなバラ、カラフルな一年草と、日陰の庭とは好対照の花たちです。「ここはまわりから見えないし、強い日差しに負けないパンチの効いた色にしています。晴天の日の昼は明るすぎて乾いた感じがしますが、朝夕はきれいですよ」。高原の雄大な自然の中で、川村さんは花との暮らしを満喫しています。

→ヘレニウムはいろいろな色があったが、赤だけを残した。花の後ろはスモークツリーが、赤銅色の葉をつけている。

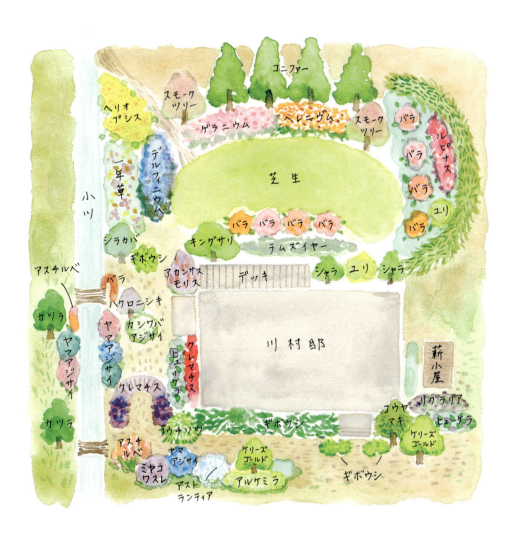

Rose Garden

↑バラの間にたくさんの草花が咲き、春爛漫の庭。手前の淡いピンクがチャイナローズの粉粧楼。奥の柵に絡まる黄色はバタースコッチ。
←（左）やさしいピンクのフェリシアと、ブルーの小花のシノグロッサム。（右）ブルーの穂花をつけたベロニカも大きな株になって彩りを加えている。ピンクの花をつけた木はエゴノキ。
→駐車場の脇にこぼれるように咲く白いバラは群星。ピンクはオールドローズのメイデンスブラッシュ。大きな緑の葉はモントブレチア。

バラに小花をプラスして
優雅に可憐に

米山君江さん

　きっかけは実家の隣の人がくれた1本のチャイナローズ。花が好きな米山さんは10年以上も庭を作っていましたが、当時はバラにはあまり興味がなく、小さな草花をいっぱい咲かせて楽しんでいました。小花ばかりでは庭にリズムが生まれないと思うようになったころ、オリエンタルムード漂うバラをもらい、すっかりとりこになってしまいました。近所の「山のばら園」にも通い、オーナーの故・村田晴夫さんに教えてもらいながらバラを育て、少しずつ増やしてきました。
　「小花の中にバラが加わると、華やかさやリズムが出て、私が求めていた庭はこれだと思ったんです」と米山さんは振り返ります。ですから、どんなにバラに魅了されても、バラだけの庭にはしません。ほかの花と一緒に咲いてこそ、軽やかで美しいハーモニーが生まれると感じているのです。
　バラはどれも美しくて米山さんの心をとらえますが、特に好きなのが、カップ咲きの茎の細いオールドローズやイングリッシュローズ。首を垂れ気味に咲くやさしい姿に惹かれます。そんなバラを見上げるように咲く小花たち。「愛しくてたまらない」と笑みがこぼれます。
　花たちには健やかに咲いてほしいから、できるだけ農薬を使わずにバラを育てています。手間はかかるのですが、安心して触り、飾ることができます。朝摘んだばかりのバラや草花をたっぷりと花瓶に生け、豊かな香りに酔いしれるのも日々の楽しみのひとつ。「バラを飾ってうっとりするのも幸せ。手入れをするのはもっと幸せ」

バラに青はないので
ブルーの小花と組み合わせる

　八ヶ岳のふもとのこのあたりでは、米山さんの庭は決して広くはありませんが、多いときは100本以上のバラがありました。管理しきれなくなり、友人たちに譲って減らしましたが、いまでも30本ほどが咲きます。
　たくさんのバラの間を埋めるように、カラフルな草花も咲いています。多いのはゲラニウムやベロニカなどのブルーの花と、オルレアなどの白い花。ブルーはバラにない色なので、他の草花で取り入れています。白は庭全体の色の緩衝材として使っています。
　「淡いピンクのオールドローズと白の小花の取り合わせって本当にやさしい。バラ同士では見せることができないかわいらしさや落ち着きを、草花が担ってくれているんです」。個性豊かな脇役がいて主役はより輝くことを、この庭の花たちもよく知っているようです。

↑白、黄色、ピンク……色も形も華麗なバラたちに、白のゲラニウムとブルーのベロニカが寄り添う。

←バラたちの間に何種類ものゲラニウムやオルレアが咲く。
↓（左から）クリームがかったピンク色のバラ、グルスアンアーヘンとゲラニウム。／黄色のバラ、ゴールデンボーダーと白のオルレア。／薄いピンクは粉粧楼。／白はホワイトメディランド。

バラのウーメロがかぶさるように咲く。ウーメロは外がピンクで中心が杏色の花で、育てやすい。

花に囲まれたアプローチから
アーチをくぐって玄関に

　赤紫のゲラニウムに迎えられてレンガのアプローチに入ると、両脇には何種類ものバラとたくさんの草花が咲き、芳香を放っています。バラとハニーサックルのふたつのアーチをくぐり玄関へ。数メートルのコンパクトなアプローチですが、花の中を歩いていると小さな花園に来たよう。

　つるバラはアーチだけでなく、駐車場横の柵、家の外壁、デッキの上とあちこちに絡まり、その根元を草花が埋め、三角屋根の白い家は花に包まれています。「広い庭ではないので、たくさん育てたかったら工夫するしかない」と米山さんは言いますが、きれいにコンパクトにまとまった6月の庭は、絵本のようにチャーミングです。

↑満開のハニーサックルが甘い匂いを漂わせている。まっすぐに伸びているのはカサブランカ。バラが終わるころに、咲く準備を整えている。

↓（左）アプローチの入り口。両サイドの花壇は高さもそろい、きれいに整っている。
（右）アーチの向こうに花壇が見える。アーチを効果的に使ったドラマチックな演出。

↑（左）デッキの階段には、ゲラニウムとポピーが咲く。（右）デッキの手すりにはオレンジのバラ、ウーメロがかぶさっている。
←（左）窓に這い上がっているのもウーメロ。足元にはチェリーセージなどが咲く。
（中）パープルがかったピンクのラベンダーラッシーの前には、ブルーのフラックス。
（右）アーチに絡むフェリシア。ロゼット咲きのオールドローズ。

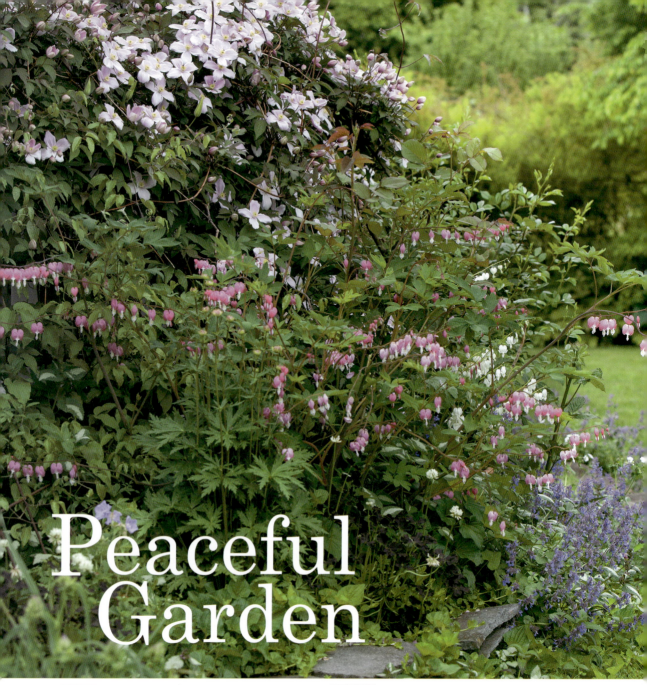

Peaceful Garden

↑広い芝生を縁取る花。向こうの木陰にはベンチが置かれ、庭を眺められるようになっている。
←40年近く前、この辺り一帯が開発され、ペンションの建物に庭がついて売り出された。そのひとつを購入して移住。ペンション業は娘さん夫婦が中心になり、現在では市川さんはもっぱら庭作りを担当。

広い芝生と花たちでゆったりと

「ペンション われもこう」 市川弘子さん

　広い芝生の上で幼稚園くらいの子どもたちがボールを蹴って遊び、ゴールデンレトリバーが一緒に走り回っています。母親らしき女性たちは木陰のベンチに座って、それを眺めながらおしゃべり。初めてペンション われもこうを訪れたとき、そんなのどかで幸せそうな光景を目にしました。

　ここの庭は中央に芝生が広がり、周囲を木々と草花が取り巻いています。要所に花壇が作られ、アーチや建物にも花が絡みついて、花好きにも人気の庭です。

　市川さん一家がここでペンションを経営するようになったのは、38年前。子どもたちを自然の中で遊ばせて育てたいと、東京からの脱サラ転職でした。最初は庭作りをする余裕もなく、庭は子どもたちやお客様との外遊び用に。いざ庭を作ろうとしても、30数年前は花といったらパンジーやインパチェンスなどしかなかった時代です。市川さんもそんな花から始め、少しずつ庭を整えていきました。その後、ハーブを作っている人と知り合い、いろいろなガーデナーと懇意になり、ちゃんと庭の勉強をしたいと職業訓練校にも通いました。そうやって、われもこうの庭は充実していきました。

　外で自由に走り回って遊んでほしい——これはすべての子どもたちへの思いです。だからどんなに花壇を広げたくても、芝生のスペースは守り続けているのです。

緑の風が吹き抜ける
木陰のベンチ

　庭の縁で葉を茂らせ、シェードガーデンを提供している木々は桜。移住してすぐに植えたものが、大きく枝を張るようになりました。春は満開の花で訪れた人を楽しませ、初夏になると木陰を作り、その下のベンチは憩いの場所となります。

　市川さんはよく庭仕事をしながら、しゃがんだまま庭を眺めます。そして「この位置から庭を見ると素敵」と思った場所に、ベンチを置くようにしています。木のベンチを作るのはご主人の役目。ゆったりくつろげるように背当てが高くなっています。訪れた人が、思い思いのベンチに座って過ごし「ゆっくり庭を眺めたらリフレッシュできた」と言われると、庭仕事の疲れは吹き飛んでしまいます。

↑（上）砂利を敷いたグラベルガーデンには、フラックスやシラーが咲き、パーゴラの下にはテーブルとチェア。（下）シダやギボウシに囲まれた桜の木の下。朽ちかけた竹かごも風情がある。
↓木立の中、二脚つながったベンチ。ひじかけもあり、飲み物も置ける。

→大きな桜の木の下のベンチ。手前の白い花はアグロステンマ。細いポールに鉢をかぶせて、ユーモラスな演出。
↓棚つきのベンチの脇には大きなギボウシやヤマブキショウマの葉が茂り、くつろぎ感をアップさせている。

↑（上段左）テラスの前のキャットミントの小径。
（右）桜の木の下には、各種ギボウシが並ぶ。
（下段左）クレマチス・モンタナにおおわれた勝手口。
（右）犬小屋にもモンタナが絡まる。赤い花はケマンソウ。青紫はキャットミント。

芝生のまわりをぐるりと取り巻く、花と緑の小径

　テラス前の小径沿いには何メートルもキャットミントが植えられ、その青紫の愛らしい穂花と甘い香りに誘われて、思わず歩きたくなるような動線を作っています。キャットミントの小径が終わると、タイムが這う石の敷かれた小径になり、さらにクレマチスのアーチにつながります。そこからマーガレットやアヤメの咲き乱れる花壇を回って桜の木の下へ。
　桜の木々の下には、さまざまな種類のギボウシがダイナミックな姿を次々と見せ、その間にヒューケラやティアレラのユニークな色と形の葉が顔を出します。さまざまな花と緑、日なたの晴れやかさと日陰の涼しさ。魅力満載の庭はひと回りするだけで、爽快な気分になります。

↑（上）緑に包まれたテラス。黄色はオウゴンシモツケ。ブルーの花はチョウジソウ。
（下）キャットミントの小径から芝生の向こうを見る。白い丸い花はアリウム。
→芝生のあちこちに花壇が作られ、目を楽しませてくれる。マーガレットやアヤメがさわやか。

あちこちに咲く花たちが、目も心も憩わせてくれる

　芝生の周囲はピンクのクレマチスやブルーのキャットミント、チョウジソウなどで彩られていますが、芝生の中は白い花ばかり。「白い花が好きだから特等席に植えています。でも白は浮いて見えるので、隣に銅葉のものなどを入れて抑えるようにしているんですよ」と市川さん。

　市川さんがいちばん好きな花はスノードロップ。3月初め、この花が雪の中から芽を出す感動と喜びは、30年見てきても変わりません。それを見ると、いよいよ庭仕事も本格スタートと、はやる心を抑えきれなくなるそうです。

↑（右列上）柵の手前はチョウジソウ、奥に白いマーガレット。（下）アイアンの柵の中の紫の花はシラー。（左列上）冠をかぶったようなクレマチス・モンタナのアーチ。（下）駐車場脇には、オリエンタルポピーが華やかに咲く。

↑（上段左）建物のコーナーをケマンソウとクレマチス・モンタナなどのピンクの濃淡で彩る。
（右）清潔感漂う白のジャーマンアイリス。後ろの斑入りの葉は、サンゴミズキ。
（下段左）小さいジョウロがかわいい水場。赤い筋が入っている葉はキョウカノコ。
（中）テラス下の紫のキャットミントの中に、赤いアネモネが咲く。
（右）乾燥に強い植物を植えているグラベルガーデンの中。手前の多肉植物はセンペルビウム。
奥の細いグラスはフェスツカ。やさしい雰囲気の植物の中で、ここはワイルドなコーナー。

シンプリーガーデンの Garden Column ①

ガーデンツールは長く愛用できるものを

使いやすい道具をとことん使う

　おしゃれなガーデンツールは、持っているだけでウキウキしてきますが、長い間庭仕事をしていると、残っているのは使用頻度が高く、使いやすいもの。

　私の場合は、スペードと呼ばれる四角いスコップ。普通のスコップは縁がカーブしていますが、縁がなく平らなスペードのほうが、私には断然使いやすいのです。差し込んでひねるだけで土を耕すことができるほか、芝の角を整えたり、増えすぎた植物を切り離すときも、スパッと切れるので重宝しています。

これは柄を取り替えて、ずっと使い続けています。

　先が二股に分かれている小さな2本フォークも、私の必需品。株の移植の際に、株を掘り出すのも、移植先に穴を掘って耕すのもこれ1本。先が棒状なので目地の雑草取りなど、狭い場所でも活躍します。

　毎日履いて、履きつぶし、3足目になったのが長靴。私はアウトドア用の革のブーツを愛用しています。とても軽くて、冬は暖かいし、夏は蒸れないし、水の中も泥の中も平気なのです。

デザインはシンプルなものがいい

　デザインがシンプルなガーデンツールも、長く愛用しています。先に紹介した2本フォークとハサミがその代表で、どちらもかわいらしさはなく、実用一点張り。でも、実用重視のシンプルなデザインだからこそ、使い続けるうちに愛着が湧いてきます。しっくりと手になじみ、何ともいえない使い勝手のよさは、まさに"用の美"だと実感しています。

メンテナンスをしっかり

　気に入ったツールを長く使うためには、メンテナンスが大切。特にハサミは、植物の汁や油がついて、切れ味が落ちてきます。切れないハサミは使いづらいだけでなく、枝や茎の繊維を壊して植物にダメージを与えます。私はハサミをこまめに研いで、いつもよく切れるようにしています。

　革のブーツのお手入れも入念に。庭仕事から帰ったらブラシでしっかりと泥を落とし、ときどき専用の油をしみ込ませ陰干ししています。

　使いやすい道具を手入れをしながら長く使えば、庭仕事の頼れるパートナーになってくれます。

2章

ナチュラルガーデンの
作り方　7か条

草花が咲き乱れるナチュラルガーデンの魅力は、自然の活力。でも
自然のままでは、気持ちのいい庭はできません。花壇の作り方やア
プローチの設け方などを工夫すると、もっと美しい庭ができます。
草花や樹木をより引き立てるナチュラルガーデンの作り方をご紹
介しましょう。

ナチュラルガーデンの作り方　7か条　❶

1条　美しい花壇の作り方〜色、形、高さのバランスをとる

　わが家の庭に次々と花を咲かせることは、庭作りの大きな楽しみです。新しい花や珍しい品種の苗を見つけたら、咲かせてみたいと思うのが花好きの常。ついあれこれと買い込んで、庭のあいている場所に植えてしまい、その結果、とりとめのない庭になってしまうこともあります。

　そんな失敗をしないためのポイントは、花の配置。まず、花の高さのバランスを決めます。奥に背が高くなる草花、手前に背の低い草花を植えると、立体感と奥行きが生まれます。次に花の色、大きさや形が均一になりすぎないように、パステルカラーの花の間にシックな色の花を入れる、小花の中に大ぶりや中ぶりの花を入れるなど、"差し色"や"アクセント"を意識しながらバランスをとります。

　そのためには、花壇をひとつのキャンバスに見立て、スケッチを描くとイメージがつかみやすくなります。部屋の模様替えをするように、すでに花壇にある草花を生かしながら描き、そのプランに従って植え替える、分ける、間引く、プラスするなどすれば、見違えるような美しい花壇ができます。

↑麦が実るのは初夏。同じころシャクヤクが花を咲かせる。後方の輝く麦の穂と手前の豪華なピンクのシャクヤクの組み合わせは、新鮮なうえ、高さや形のバランスも見事。(「むーあん」の庭)

→黄色の花はエレムレス、紫の丸い花はアリウム・ギガンチウム、そしてピンクのバラ。色、形、大きさ、高さ……大胆な組み合わせで印象的な花壇を作っている。(「シンプリーガーデン」の庭)

大小の花を組み合わせ
リズムを作る

パステルカラーの小花が風にそよぐ姿は、愛らしいものです。ただ、小さな花ばかりの花壇はポイントが少なく、かわいいけれどちょっともの足りない印象を与えます。そんなときは、小花の中に大ぶりの花を少し加えるだけでアクセントができ、小花も生きてきます。

さらに中輪の花もプラスして大・中・小の花をリズミカルに咲かせると、楽しい印象の花壇に。大事なのはベースになる色。パステルカラーのブルー、ピンク、黄色などのグラデーションをベースに、印象の強い花をポイント的に入れると、グッと締まった花壇になります。

↓（上）コーラルピンクの大きなオリエンタルポピーをアクセントに、白〜ピンクの花が次々に咲く。（「グリーン コテージ ガーデン」の庭）
（下）紫の清楚なアヤメに大ぶりのピンクのシャクヤクや麦。色鮮やかで野趣豊かな取り合わせ。（「むーあん」の庭）

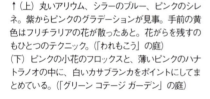

↑（上）丸いアリウム、シラーのブルー、ピンクのシレネ。紫からピンクのグラデーションが見事。手前の黄色はフリチラリアの花が散ったあと。花がらを残すのもひとつのテクニック。（「われもこう」の庭）
（下）ピンクの小花のフロックスと、薄いピンクのハナトラノオの中に、白いカサブランカをポイントにしてまとめている。（「グリーン コテージ ガーデン」の庭）

↑(左) まっすぐに伸びた茎と白い花が清々しいアヤメ。奥の赤い花はストロベリーキャンドル。(若宮さん宅の庭)
(右) 鮮やかなブルーや紫のデルフィニウムと黄色のエレメレスなどが、高さと華やかさを見せている。手前はシノグロッサムやゲラニウムの小花。ブルー系の中に黄色やピンクがアクセントに。(「シンプリーガーデン」の庭)

←白のベロニカ・ゲンチアノイデスとアグロステンマが爽やかに伸びる。(「グリーンコテージ ガーデン」の庭)

↑ピンクのルピナスは存在感があり、銅葉とのバランスもいい。(若宮さん宅の庭)
←ピンクの筒状の花のジギタリス、奥のやわらかなピンクのアグロステンマや、赤いポピー。スッと伸びる花は、風に揺れる姿も優雅。(若宮さん宅の庭)

スッと伸びる花は優美な印象を作る

　ジギタリス、デルフィニウム、ベロニカなど、背丈があって縦に花をつけるものは、優美でのびやかな花壇を作るのに欠かせません。これらの花は、花壇の後方に植えると奥行きが出るうえ、縦のラインが強調されて、空間をより気持ちよく美しく見せてくれます。

　イギリスでは毎年新しい色や品種が出てくるほど人気の花々で、ボーダーガーデンやコテージガーデンの定番。新種の色も織り交ぜながら花壇に取り入れると、飽きのこない新鮮な庭ができます。

↑大きな丸い紫の花はアリウム・クリストフィー。その隣の赤紫の小花はゲラニウム。ゲラニウムは花色や葉の形の種類も多く、花壇の花に合わせて選べるので、使い勝手がいい。(「シンプリーガーデン」の庭)

↑(上) シルバーグリーンのやわらかい穂はホルディウム。ピンクや白の花で甘くなりがちな花壇を、落ち着いた色で引き締めてくれる。(「シンプリーガーデン」の庭)
(下) ナデシコはダイアンサスとも呼ばれ、たくさんの種類がある。濃いえんじ色はダイアンサス・ソティー、奥のピンクはダイアンサス・オールドファッション。(「シンプリーガーデン」の庭)

シックな多年草が、大人の庭を作る

　シックな色や姿形の花が多い多年草は、魅力的な草花。一年草は1年で花を咲かせ枯れるのに対し、多年草は数年間花を咲かせるもので、宿根草もその中に入ります。株が年々大きく育つので、年ごとに株がボリュームアップし、豪華で深みのある花壇になっていきます。

　さらに、ダークな色やくすんだ色も次々開発されています。多年草をメインに一年草を加え、落ち着きの中に軽やかさのある庭を作りましょう。

パンチのある色合わせで
ビビッドな庭に

　同系色の花でグラデーションをつけるのが、花壇の配色の基本。ホワイトガーデンの清楚さ、ブルーガーデンの爽やかさ、イエローガーデンの華やかさなど、どれも素敵です。でも、ちょっとおもしろみに欠けると感じたことはありませんか。

　そんなときは、あえて反対色の花を入れる、パンチの効いた色の花を足すなどして、インパクトのある色を合わせると、花々は新たな輝きを放ちます。

　花の色はある程度の量感があってこそ美しいもの。しっかり株を育てて花を咲かせ、色のボリュームアップも図ると、彩り豊かになります。

↑ブルーとピンクのオダマキをメインに、濃い赤のストロベリーキャンドル、オレンジのポピーを合わせる。(若宮さん宅の庭)

←小さいながらも赤と黄色が印象的な花はロックローズ。ブルーの花はフラックス、白のぷくっとした花はシレネ。個性的な花をにぎやかに交じり合わせた色の配合が見事。(若宮さん宅の庭)
↓清々しい白のカンパニュラやアルクトティスに、紅色のジギタリス、紫の丸いアリウム、赤紫のゲラニウム、鮮やかなブルーのベロニカを合わせ、爽やかさの中にシックさ、ビビッドさをプラス。印象派の絵のような美しさ。(「シンプリーガーデン」の庭)

花壇におすすめの花図鑑

背が高い草花（70～180cm）

細長い草花

バーバスカム・ニグラム
ゴマノハグサ科 初夏 花は小さく、中心部は紫。土を選ばず、半日陰から日なたで咲く。

ジギタリス・パープレア
ゴマノハグサ科 春～初夏 暑さに弱い。半日陰のやや湿った場所を好む。

デルフィニウム
キンポウゲ科 初夏～夏 白、ピンク、八重、一重と多種ある。日なたの水はけのいい土地に。

エレムレス
ユリ科 初夏 密集した小花が円錐形に咲く。白、黄の花も。日なた、水はけのいい土に。

ルピナス
マメ科 春～初夏 マメに似た花が咲く。ピンク、紫なども。日なたの水はけのいい場所に。

ホリホック
タチアオイ科 夏 赤、濃い紫、黄八重も。日なたで水はけのいい土地に。丈夫で育てやすい。

大きい草花

アリウム・ギガンチウム
ユリ科 球根 初夏 星形の花を密につける。日なた、水はけのいい土地を好み、強健。

オリエンタルポピー
ケシ科 初夏 赤、オレンジ、白などもあり、華やかな大きな花。日当たりを好み、湿度に弱い。

シャクヤク
ボタン科 初夏 ピンク、赤、黄、一重、八重など多種ある。日当たり、水はけのいい場所に。

中～小ぶりの草花

グルーテンドルスト
バラ科 初夏 モダンローズの一種で、カーネーションに似た咲き方。日なたを好む。

ヘメロカリス
ユリ科 夏 オレンジ、ピンク、赤紫も。日なたでやや湿った場所に。デイリリーと呼ばれる。

ディアボロ
バラ科 初夏 白い花に赤銅色の葉。寒さ暑さに強く育てやすい。アメリカテマリシモツケとも。

背が中くらいの草花（45～70cm）

細長い草花

サルビア・レウカンサ
シソ科 晩夏～秋 日なたの水はけのいい場所を好む。アメジストセージともいう。

カンパニュラ・ペルシキフォリア
キキョウ科 初夏 ツリガネ型の花は薄いブルーも。日なたに。

大きい草花

アリウム・クリストフィー
ユリ科 球根 初夏 花火のような花は大きいが丈は40cmぐらい。日当たりが好き。

オルレア
セリ科 初夏 白いレースのような花。日なたを好むが高温多湿は苦手。こぼれ種でも増加。

中～小ぶりの草花

ノーティア・マケドニカ
マツムシソウ科 初夏 分枝した茎の先に濃赤の花をつける。日当たり、水はけのいい土地で。

ダイアンサス・ナッピー
ナデシコ科 春～初夏 日当たり、水はけのいい場所を好む。高温多湿に弱い。

アストランティア
セリ科 初夏～夏 白、赤も。高温多湿に弱い。半日陰の風通しのよいところを好む。

ポテンティラ・メルトンファイヤー
バラ科 春～夏 やせ地で育つが蒸れが苦手。水はけよく。

背が低い草花（15〜45cm）

細長い草花

ペニセツム・レッドボタン
イネ科 円錐状の小穂を夏〜秋につける。暑さに強く旺盛。日当たり、水はけのよい土地に。

ジギタリス・メルトネンシス
ゴマノハグサ科 初夏 ストロベリーピンクの花。半日陰に。切り戻すと二番花を咲かせる。

ジギタリス・ルテア
ゴマノハグサ科 初夏 半日陰から日なたで。花穂が長い。暖かい場所だと背丈も伸びる。

ベロニカ・オフィシナリス
ゴマノハグサ科 夏 日なたで水はけがいい土地に。暑さ寒さに強い。種類が多い。

ホルディウム
イネ科 夏〜秋にアーチ形の羽毛状の穂を出す。日当たりと水はけのいい場所を好む。

大きい草花

アヤメ
アヤメ科 春〜初夏 風通しのいい半日陰でよく育つ。カキツバタ、ショウブも同様に。

ヤロー
キク科 初夏〜夏 白、ピンクなども。日当たり、通気性を好み生育旺盛。背の高い品種も。

カリフォルニアポピー・マホガニー
ケシ科 初夏 一、二年草。水はけがよければ、どこでも育つ。

トリフォリウム・ルーベンス
マメ科 春 涼しい明るい日陰を好み、乾燥に強く、強健。クローバーの仲間。

ダイアンサス・ソティー
ナデシコ科 春〜初夏 茎も褐色。乾燥に強く、日当たりと水はけのいい場所を好む。

中〜小ぶりの草花

エリンジウム
セリ科 晩夏 日当たりがよく乾燥した場所を好み、移植を嫌う。ドライフラワーになる。

シノグロッサム
ムラサキ科 二年草。初春〜春 高温多湿に弱い。こぼれ種で咲く。シナワスレナグサ。

アルケミラ・モリス
バラ科 初夏〜夏 多湿は苦手だが、日陰でも育つ。ライムグリーンの葉も鑑賞の対象。

ヒューケラ
ユキノシタ科 初夏 ピンク、白などの花もあり、葉の色もさまざまある。日陰を好む。

カンパニュラ・パツラ
キキョウ科 初夏〜夏 日当たりがよく、風通しのいい場所を好む。ホタルブクロの仲間。

ゲラニウム・プラセンテ
フウロソウ科 春〜初夏 丈がやや高くなり、群生する。切り戻すと二番花が咲く。

アルクトティス・グランディス
キク科 初夏 中心の青が神秘的。日当たりがよく、水はけのいい土地を好む。

ゲラニウム・ジョンソンズブルー
フウロソウ科 春〜夏 明るい半日陰を好む。寒冷地向き。

ゲラニウム・サンギニウム
フウロソウ科 初夏 日当たり、水はけのいい場所を好み、こんもりと茂る。

ゲラニウム・ピンクレース
フウロソウ科 初夏〜夏 生育旺盛で、地面を這うように広がる。日なたを好む。

73

ナチュラルガーデンの作り方　7か条

2条　シンボルツリーで、フォーカルポイントを作る

庭作りで最初に考えたいのが、フォーカルポイントを作ること。フォーカルポイントとは、庭の中で視線が最も集まる見せ場のことで、シンボルツリーがその大役を担うことが多いのです。

シンボルツリーをどこに植えるか、何を選ぶか、ガーデンデザインはここからスタートします。

植える場所は、リビングなど家の中からいつも見えるところがベスト。ただし、門やガレージへの動線を考え、じゃまにならない位置がいいでしょう。

植える木はその場所に合ったものを選びますが、成長がゆっくりで広がりすぎないものがおすすめ。成長が早いとすぐに空間を占められてしまい、横に広がりすぎると日陰が多くできてしまうからです。落葉樹なら秋の紅葉が楽しめるだけでなく、葉を落とした冬はたっぷりと日差しを取り込め、春は新芽を楽しむこともできます。コニファーなどの常緑針葉樹なら、樹形がきれいで洋風のガーデンに似合います。葉の色が明るいと庭も明るくなり、魅力的な花が咲いたり実をつける木なら、季節の楽しみも加わります。

メインのシンボルツリーを選んだら、低めの木も選びます。広い庭なら中低木が何本かあるといいでしょう。木が重なることでナチュラル感と奥行きが生まれ、林の中にいるような雰囲気が作れます。

←6月に実をつけることからジューンベリーという名前がついたこの木は、すらりとした樹形も、かわいい実も人気。春先に白い花をつけ、夏に葉を茂らせる。リビングやテラスからも眺められるように、庭の中央に植えている。（「シンプリーガーデン」の庭）

→ネグンドカエデ"ケリーズゴールド"。黄緑色の葉が鮮やかな落葉樹。半日陰でよく育つので、暗めの場所も明るくしてくれるが、高木になるので広い場所が必要。北側にある玄関の両サイドにあり、この家のシンボルツリーとなっている。（川村さん宅の庭）

木漏れ日が気持ちいい
大きくなる木

　シンボルツリーには5メートル以上に成長する大きな木を選ぶのも手です。高い木なら遠くからでも見え、その家の印象を決定づけます。

　大きくなる木は、常緑樹よりも葉のやわらかい落葉樹がいいでしょう。夏に葉が茂っても風にそよぎ、木漏れ日もちらついて心地いい木陰を提供するほか、秋になって花がなくなっても鮮やかな紅葉が彩り、季節を感じさせてくれます。

　八ヶ岳の周辺は雑木林を拓いた家も少なくなく、雑木を残した庭もあります。庭木としては大きすぎる木も、広い敷地なら奥行きや広がりを感じさせ、木が背景となって風景画のような景色を生み出します。

↓やさしい緑とハート形の葉が人気のカツラの木。まっすぐに伸びる樹形もきれいで甘い香りを放つ。10メートル以上に伸びて根も張るので、広い敷地向き。(「グリーン コテージ ガーデン」の庭)

↑もともとあった山桜はすくすくと伸び、広い敷地ならではの大きさに。爽快な気持ちよさを感じさせるシンボルツリー。(「香草庵」の庭)
→寒冷地でよく育つライラックはこの土地にも合い、大きく育った。ライラック色といえばこの薄紫。春に咲く房状の花は香りもいい。(南さん宅の庭)

↑空を薄いピンクに染める桜が、家の裏の斜面にすっくと立つ。寒さの厳しい土地だからこそ、春を感じさせる桜の開花はひときわうれしい。(若宮さん宅の庭)

↓(左) ピンクの花をつけたエゴノキ。春に下向きの小花をつける。(米山さん宅の庭)
(右) 大きく茂ったリョウブ。周囲を囲って木陰にベンチを置いた。(Y・Oさん宅の庭)

↑(上) ネグンドカエデ"フラミンゴ"。ピンクの斑入りの葉が軽やか。(「むーあん」の庭)
(下) 奥は、春に清楚な白い花をつけるヤマボウシ。(若宮さん宅の庭)

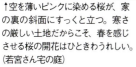
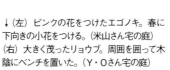

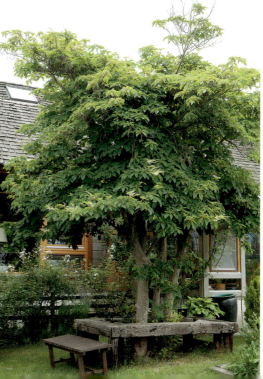

↑シンボルツリーとして人気の高いスモークツリー。煙のようなフワフワとした花をつけることからこの名がついた。花はピンクだけでなく、パープル、オフホワイトなどの品種もある。(川村さん宅の庭)
←屋根より高く成長したゴールデンアカシア。黄金色の小さい葉を羽状につけ、周囲をふわりと明るくしてくれる。横の白い花をつけた木は、フサナナカマド。(「シンプリーガーデン」の庭)

季節を楽しませてくれる中低木

　高い木と低い草花の間を取り持つのが中低木です。高さが1〜4メートルくらいになるものは、空間をつなぐ役割をしてくれます。それらの木は目の高さに花が咲くのも魅力。

　なかでもアジサイはいろいろな種類があり、日陰でも花を咲かせます。また、自生のヤマアジサイやツツジ、シャクナゲなどは、園芸種とは違った素朴で清楚な雰囲気があり、庭がナチュラルな雰囲気になります。

　苗木のときは、細く小さくても、数年で大きく育ち、広く根を張ります。成長した姿をイメージして、植える場所を考えましょう。

↑入り口の前には、春に壺状の愛らしい赤い花をつけるベニバナドウダンツツジ。(南さん宅の庭)

↑春に白い清楚な花をつけるバイカウツギのベルエトワール。花つきも香りもよく人気。(川村さん宅の庭)

←ミツバツツジ。春の野山を爽やかに彩る。(南さん宅の庭)
↓薄いピンクの花を咲かせるシャクナゲ。野生のシャクナゲの花は、園芸種に比べて控えめな美しさがある。(南さん宅の庭)

→（左）白い円錐形の花房のカシワバアジサイ。夏にはボリュームたっぷりの花をつける。(若宮さん宅の庭)
（右）ハクロニシキ。春の新芽は緑だが、葉が育つにつれて白い斑が入り、夏にはピンク色の葉が出てくる。(川村さん宅の庭)

↓早春に黄色の房状の花をつけるトサミズキ。枯れ野を彩る明るい色から、春の始まりを実感。(若宮さん宅の庭)

食べる喜びも。実のなる木

ジューンベリーのかわいい赤い実は、生でもジャムにしても、お菓子に使ってもおいしく食べられることもあって、シンボルツリーとしても人気です。ブルーベリー、ラズベリー、レッドカラントなども、可憐な姿と収穫を楽しむことができます。

↓ジューンベリーの実。(「香草庵」の庭)

↓透明な赤い実のレッドカラント。ジュースやジャムにする。(「ボッテガ・ヴェスタ」の庭)

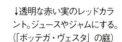

↓グズベリー。料理のソースなどにも使われる。(「ボッテガ・ヴェスタ」の庭)

ナチュラルガーデンの作り方　7か条　3

3条　アーチ、ウォールで立体的な庭を作る

　庭は立体的な要素がいくつもあるほど変化に富み、ドラマチックな効果が表れます。その代表格がアーチや柵、ウォール（壁）。スペースに余裕があれば、ぜひパーゴラ（日陰棚）も設置したいもの。

　アーチは、その向こうに広がる空間を想像させ、わくわく感を演出します。パーゴラはアーチの長いもので、花や緑のトンネルの下を歩く楽しみが倍増します。柵やフェンスは、そこにつる性の植物を絡めれば、目隠しと庭の雰囲気作りの両方に活用することができます。

　特に気をつけたいのが、庭の背景と壁面。せっかくの美しい花壇の向こうに見えるのが、ブロック塀や隣の家や道路では、ちょっと興ざめですね。そこで、気になる部分をレンガや板などで囲い、趣のあるウォールを作りましょう。そこにつる性の植物が絡まれば、よりナチュラルで雰囲気のある空間になります。

　庭を立体的にしてくれるこれらの構造物は、材質やデザインに気を配り、植物と調和させることで、さらに心地よい庭ができあがります。

↑入り口のゲートにつけたアーチに、つるバラのポールズヒマラヤンムスクがおおいかぶさる。くぐるときに心が躍る。（南さん宅の庭）

→隣家との境につけたウォールは手作り。レンガなどの飾りも埋め込んで、日当たりの悪い北側もニュアンスある空間に。（「マジョラム」の庭）

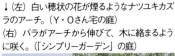

←クレマチス・モンタナのアーチ。たっぷりと花をつけた華麗さに、目を奪われる。(「われもこう」の庭)

↓(左)白い穂状の花が煙るようなナツユキカズラのアーチ。(Y・Oさん宅の庭)
(右)バラがアーチから伸びて、木に絡むように咲く。(「シンプリーガーデン」の庭)

アーチで奥行きと わくわく感を演出

　花の咲き誇るアーチをくぐるのは、心躍るもの。秘密の花園に導かれるわくわく感と、庭の奥行きを感じさせる建造物として、アーチは庭にぜひ欲しいもののひとつです。パーゴラのように幅のあるものなら、優雅さも、くぐる楽しさも増すでしょう。広い庭なら、入り口だけでなく庭の中ほどや玄関脇などにもあると、立体的なアクセントになります。花壇や木々とのバランスを考慮して、ドラマが生まれるように配置しましょう。
　花がたっぷり咲くクレマチスやつるバラなどを絡ませると優雅なアーチに。葉もよく茂る植物を選ぶと、花が終わったあとも緑のトンネルになり、一年中楽しめます。

↑濃いピンクのバラのアーチの先には、薄いピンクのバラも。ピンクの濃淡が美しい。(「野わけ」の庭)

↑アーチにもフェンスにも、大輪のバラから小輪のバラまで絡まり、うっとりする小径に。(「八ヶ岳さろん星の雫」の庭)

→広い庭の一部を柵で囲い、その出入り口にアーチをつけて変化と立体感を出している。アーチにはバラを絡ませ、その下にベンチを置いて花を楽しむ。(若宮さん宅の庭)

柵にもオベリスクにも つる性の植物を絡ませる

　花や葉が風に揺れ、そよぐ姿は自然のやさしさがあります。きっちりと刈り込まれ整った庭も素晴らしいですが、植物の動きを感じる庭は気持ちを和ませてくれます。

　植物が這い上がるように絡んでいるオベリスクがあると、フォーカルポイントになります。低い草花が中心の花壇には、アイアンのオベリスクを置き、高さを出すようにして、花壇に変化をつけましょう。庭を区切る柵、隣やガレージなど接するフェンスやトレリスにも植物を絡ませれば、目隠しになるうえに、立体的でナチュラルな雰囲気が出せます。

　右からつるバラ、左からハニーサックルなど、違った種類、同じ花でも色や品種の違ったものを合わせるとより優美に。柵からはみ出したり、垂れ下がったりするのも風情がありますから、植物の勢いを利用して演出しましょう。

↑ふたつのオベリスクが庭のアクセントとなっている。奥はバラ、手前はハニーサックル。(「ボッテガ・ヴェスタ」の庭)

↑(上)茶色の柵にバタースコッチという、名前のとおりの色のつるバラで落ち着いた雰囲気に。(米山さん宅の庭)
(中)壺形の小さな花をつけるクレマチスは、オベリスクなどに絡ませるといい。(若宮さん宅の庭)
(下)木の柵に絡ませた小輪の一重のバラ。素朴な風情がよく似合っている。(若宮さん宅の庭)

→ロゼット咲きのバラと、豪華な八重咲きのパープルのクレマチスの取り合わせが絶妙。(原さん宅の庭)

庭の美しさは背景で決まる
雰囲気のあるウォールを作ろう

　庭は季節とともに変化するひとつの空間。どんなイメージでまとめるかを考えたとき、背景は大切な要素になります。庭の向こうに林が広がるなら、借景として取り入れることもできますが、そんな条件はなかなかないもの。味気ない建物や塀がバックでは、せっかくの花壇も生きてきません。

　そんなときは、庭にマッチしたイメージのウォールを作りましょう。全面ではなく、気になる部分だけを隠すようにすればいいのです。プロに施工を頼まなくても、板を打ちつけ、好きな色でペイントするだけでも効果は十分。見違えるほど庭がイメージアップするでしょう。

↓ハンドメイドの楽しさは、イメージに合わせ、好きなものをプラスしながらできること。雨風にさらされ、植物も伸び、いい雰囲気になってきた。(「マジョラム」の庭)

↑隠したい部分だけウォールをつけてもいい。木のウォールにバラを這わせ、草花を植え、趣のあるコーナーに。(「オールドエイジ」の庭)

↑(上) イギリス、コッツウォルズの石を、イギリスの伝統工法で積み上げたウォール。まるでイングリッシュガーデンにいるよう。(「シンプリーガーデン」の庭)
(下) 北側なので明るくなるように白っぽく仕上げ、寄せ植えのコンテナなどを飾った手作りの板壁。(「マジョラム」の庭)

↑外壁いっぱいに咲き誇るバラ、バラ、バラ。家の外からも内からもバラを眺めることができる。バラの時期だけに見られる優雅な風景。レンガとピンクのバラ、白い壁に赤いバラ、軒からこぼれるような愛らしいバラ。(「オールドエイジ」「シンプリーガーデン」「香草庵」の庭)

←軒下を濃いピンクと淡いピンクのバラが這う。同じバラでも、開花期をずらすと長く楽しめる。グリーンのカーテンとしての効果も。(Y・Oさん宅の庭)

↓(上)八重咲きのクレマチスがたっぷりと咲き、窓辺をエレガントに飾る。(「野わけ」の庭)
(下)淡いピンクと赤紫のクレマチスがアクセント。同じクレマチスでも色や品種の違うものを合わせると、見栄えが一段とよくなる。(「われもこう」の庭)

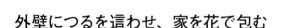

外壁につるを這わせ、家を花で包む

　庭は家のもうひとつの部屋であり、家も庭から見える風景の一部。アーチやウォールなどを庭の建造物と呼びますが、家もまた建造物。外壁を生かして植物を這わせれば、庭を立体的に演出でき、庭と家が一体となった空間ができます。

　古い木造の家やモダンすぎる家だとナチュラルな庭とマッチしないこともありますが、外壁につる性の植物を這わせることで雰囲気を合わせることができます。家の中にいて窓の上から垂れ下がる緑や花が見えると、うれしくなりますね。

　外壁に格子をつけたり冬の間に針金で誘引したりしてうまくつるを導きながら、花や緑に包まれた風景を作ってください。

←たくさんの花をつけ、庭中におおいかぶさるように咲くクレマチス・モンタナ。このクレマチスは生育旺盛でよく伸びる。花が終わったころ剪定、誘引し、次のシーズンを待つ。(南さん宅の庭)

↓ガゼボにかぶさる白いモッコウバラ。トゲがなく花つきがいいので、ガゼボにかぶせるには最適。(「むーあん」の庭)

絡まり、おおいかぶさる花で優雅なコーナーを作る

　野山を歩くと、大きな木に藤づるが絡まっていたり、つるアジサイが巻きついて花を咲かせていたりして、自然のダイナミックさに圧倒されます。庭でもそんなエネルギーを演出するには、パーゴラがおすすめ。何種類もの植物が絡まりながら、花と緑のトンネルを作ります。そんな絡まり、枝垂れ、おおいかぶさるように咲く花たちの魅力を感じるコーナーがあると、庭はさらに生き生きします。ただし、放っておくと伸びすぎてしまいますから、よく手入れして翌年も美しく咲いてもらうようにしましょう。

→(左)つるバラとナツユキカズラが、絡まりながら枝垂れる。植物の生命力と華麗さを感じる。(「野わけ」の庭)
(右)長いパーゴラには何種類ものバラが絡み、クレマチスが巻きつき、まさに花のトンネルになる。花が終わっても、心地いい緑の日陰を用意してくれる。(「シンプリーガーデン」の庭)

おすすめのつる性植物

つるバラ

つるバラはアーチやフェンスなどに絡めて育てます。いろいろな草花の咲く庭には小輪のバラや、素朴な雰囲気のバラのほうが、調和します。どのくらい大きくなるのかなど、専門店で相談して購入しましょう。

ポールズヒマラヤンムスク

フランソワーズジュランビル

キフツゲート

ロサダビデ

ジャクリーヌジュプレ

つるアイスバーグ

ラベンダーラッシー

クレマチス

バラと並んでイングリッシュガーデンに欠かせないのが、クレマチス。豪華な大輪のものから、楚々とした小さなものまで多種多様。咲く時期も種類によってさまざまです。テッセンは中国の原種で、クレマチスの一種。

モンタナ・エリザベス

ビューティオブリッチモンド

プリンセス・ダイアナ

マクロペタラ

ハンショウヅル

タングチカ

テッセン

ハニーサックル

オレンジや黄色のハニーサックルがたくさんの花をつけたアーチは見事です。ニオイニンドウという和名のとおり、甘い匂いがします。日当たりのいい場所を好み、成長が早く繁殖力が旺盛なので、こまめな剪定が必要。

ゴールドフレーム

ドロップモアスカーレット

テルマニアーナ

ナツユキカズラ

初夏から秋まで、白い小さな花を雪が降るように咲かせます。日陰でも育ちますが、たくさん花をつけるには日光が必要。寒さに強く生育旺盛なので、伸びたら誘引し、秋から冬に込み合った枝や伸びた枝を剪定します。

ナツユキカズラ

アケビ

野山に自生し春に花をつけ、秋に紫色の甘い果実をつけます。雄花と雌花があり、雄花の中には房状の雄しべがついています。シロバナアケビは園芸種。フェンスやウォールに絡ませると、風情が楽しめます。

アケビ

89

ナチュラルガーデンの作り方　7か条　④

4条　庭を引き立てる葉ものの上手な使い方

　彩りや高低差を考えて花を咲かせた花壇はきれいで素晴らしいのですが、実は、花に合わせて葉ものも上手に使うと、庭はグレードアップします。
　庭には日の当たらない場所もあり、庭中どこでも花が育つとは限りませんが、花が咲かない場所を魅力的にすることで、庭作りの喜びはさらに広がります。それにはやはり、葉もの使いが大切。

　ひと言で葉ものといっても、深い緑のものからやわらかい緑、斑入りの葉、カラーリーフとたくさんの葉の色があります。さらに、大きく広がった葉、小さな葉、細い葉のグラス類と、形も質感も多種多様。葉もの使いは奥が深いのです。
　家の陰になっている場所や北側の通路などの日陰地が、じめじめして何もない場所になっていま

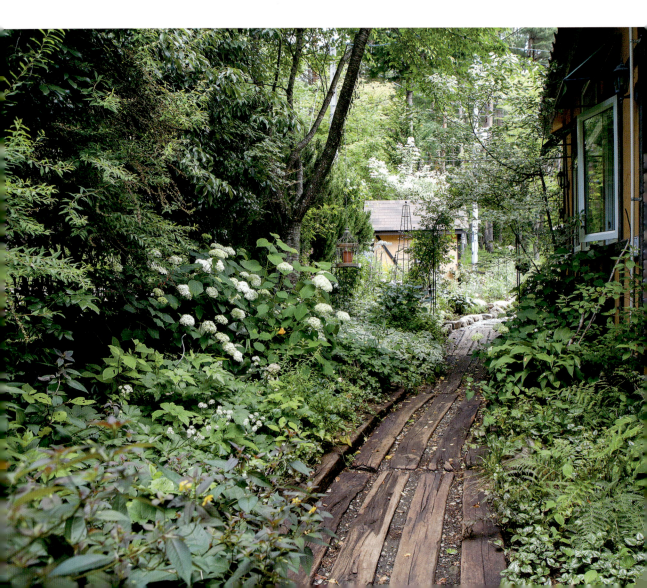

せんか。そのじめじめを好み、魅力的な色と形を持つ葉ものもたくさんあります。たとえば、シダ、ギボウシ、ナルコユリ……。

ポイントは、緑の濃いものばかり集めないこと。同じギボウシでも、黄色っぽいものやライトグリーンのもの、斑入りのものなどもあります。小さい葉では斑入りのドクダミやエゴポディウム、細長い葉ではヤブラン、フウチソウなど。明るい色のものをメインにして濃い色のものを交ぜて色のグラデーションをつけると、しっとりした中に軽やかさが出ます。また、ラムズイヤーやアサギリソウなどのシルバーリーフ、コリウスやヒューケラなどにある赤銅色の葉も加えると、変化に富み、見ごたえがアップします。

花壇の中にも葉ものを取り入れましょう。アルケミラのライムグリーン、ラムズイヤーやヘリクリサムのシルバーなどは、あでやかな色の花に合わせると、上品な印象になります。ホルデュウムやカレックスなどのグラス類は爽やかで、ナチュラルなイメージに。赤銅色のディアボロや斑の入ったティアレラなどは人気が高く、存在感のあるギボウシとともに花壇に取り入れたいものです。葉ものの使い方次第で、庭はもっと落ち着いたニュアンスのあるものになります。

↑北側にある玄関先には、明るい色のギボウシ、斑入りのドクダミ、切れ込みの深いリグラリアなど、さまざまな葉ものを組み合わせ、メリハリをつけている。(川村さん宅の庭)

↑斑入りのエゴポディウムや八重のドクダミなどが、陰気になりがちな場所を明るくしている。土色のウォール、枕木の小径も、雰囲気作りに貢献。(「マジョラム」の庭)

←シダやギボウシなど大きく広がる葉に、小さい葉でリズムをつけている。アナベルの白い花が瑞々しい。(「マジョラム」の庭)

91

木の根元はグリーンの
グラデーションで囲う

　シンボルツリーは、ぜひ庭に欲しいアイテムですが、根元が日陰になりがちです。林の木々には、背の低い下草が生えているものですが、庭木の根元も下草を植えることで、しっくりしてきます。そこで活躍するのが、葉ものです。

　幹の太い大きな木ならば、ギボウシやシダなどの大きく広がる葉や、アルケミラのようなボリュームの出る多年草を根元を囲むように植えると、バランスがよくなります。株立ちの木のように細い木が何本も出ている場合は、斑入りミツバやツルニチニチソウ、スミレなど小さい葉のものを植えるとやわらかさが出ます。植え替えの必要な一年草より年々株が育つ多年草のほうが、手間もかからず、見ごたえも出てくるので、おすすめです。

　木の根元に葉ものを植えるのは、見た目のバランスだけでなく、木を乾燥から守る役割も果たします。木が落葉樹なら葉ものは常緑にすると、冬も緑を楽しむことができます。

↓クリスマスローズ、オダマキ、斑入りのラミウムなどが木の根元を明るく彩り、ピンクや白のクリンソウが咲くと、春の息吹を感じさせる。(若宮さん宅の庭)

↑（上）アルケミラの明るいグリーンがこんもりと囲う。(チェルトの森Y山荘の庭)
（下）木の周囲をレンガで囲って、大きく開いたシダをアクセントに。(「サンディア・カフェ」の庭)

↑（上）斑入りとライトグリーンのギボウシ、エゴポディウムで、根元を明るくしている。（「香草庵」の庭）
（下）スミレやエゴポディウムなどが茂る木の根元。黄色や赤のオダマキなども加えて、清々しく彩る。（「むーあん」の庭）

↑紫色の斑があるのは、カタバミの仲間のオキザリス・デッペイ。赤い花を咲かせている。黄色い花はこぼれ種で咲いたバーバスカム。さまざまな植物が気持ちよく育っている。（「シンプリーガーデン」の庭）
←３種類の大きなギボウシが、迫力ある風景を作る。（「われもこう」の庭）

細い黄色の葉はフウチソウ。右手前にこんもりと茂っているのはキレンゲショウマ。(「シンプリーガーデン」の庭)

↑黄色の花をつけたやわらかい緑はアルケミラ。細い綿毛のようなものはオキナグサの散ったあと。アーティステックなイメージ。(Y・O さん宅の庭)

↑花がなくても華やかなコーナー。斑入りの低木はサンゴミズキ、赤い低木はベニバスモモ。シダやラミウムで低い位置を埋める。(「われもこう」の庭)

↓細い穂のようなものはススキ。手前はギボウシ。大胆な組み合わせが新鮮。(「サンディア・カフェ」の庭)

緑の濃淡、斑入りの葉があれば花がなくても美しい

　多種多様な葉ものは、美しい花々に負けないくらい、庭を魅力的にしてくれます。色、形、質感……同じ仲間でも実にさまざまで、葉ものをどう組み合わせるかによって印象も違ってきます。葉ものにはチャーミングな花が咲くものも、冬になって枯れるものもありますが、目を楽しませてくれる時期が長く、手がかからないのも、葉もののよさ。瑞々しさあふれるナチュラルガーデンを作るためにも、生かさない手はありません。

　葉ものの庭は緑のバリエーションに気を配りましょう。濃い緑で肉厚の葉のものが多いと重い印象に。ライトグリーンや斑入りの明るい葉をメインに、細い葉や穂が風にそよぐやわらかいものを加えると、気持ちのいい広がりが生まれます。

↑斑入りの葉はギボウシ、白い花が咲いているのはティアレラ。緑、赤銅色、オレンジのヒューケラもアクセントに。(「野わけ」の庭)

↑存在感がある大きな株に育ったギボウシ。手前はほふく性のコニファー。(チェルトの森Y山荘の庭)

↑レンガの外壁を伝うバラの根元を、ギボウシがおおう。ギボウシはバラの乾燥も防いでくれる。(「香草庵」の庭)

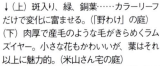

↓(上)斑入り、緑、銅葉……カラーリーフだけで変化に富ませる。(「野わけ」の庭)
(下)肉厚で産毛のような毛がきらめくラムズイヤー。小さな花もかわいいが、葉はそれ以上に魅力的。(米山さん宅の庭)

シルバーや赤銅色の葉で葉もの使いの上級者に

　近年、葉ものに注目が集まっていますが、最も人気なのが赤銅色の葉。ダークでシックな色の花が賞美されているように、渋い色の葉は、落ち着いた雰囲気の庭に欠かせない存在となっています。

　緑の濃淡のアクセントに赤銅色の葉を加えれば、深みのある大人っぽい庭を作ることができます。ヒューケラは赤銅色だけでなく、明るい黄色、斑入りの緑、オレンジとたくさんの色があるカラーリーフ。赤い斑が入ったキョウカノコも、色合いや葉の大きさがさまざま。庭の引き締め役として使いこなしたい葉ものです。

　シルバーリーフは輝く銀色の葉が軽やかさや涼やかさをもたらし、花を引き立ててくれることから、変わらぬ人気を誇っています。細い銀葉のフェスツカ、肉厚のラムズイヤーなどは、緑の中に加えると明るい存在感を放ちます。葉ものだけで陰影をつけたコーナーができると、しっとりとした大人の庭ができます。

↑（左から）葉脈に沿って赤く染まったキョウカノコの葉が、緑の中に映える。（「われもこう」の庭）／ペリシカリアの赤い葉に、ヤグルマソウのブルーがチャーミング。（「野わけ」の庭）／明るい黄色の葉はスモークツリー・ゴールデンスピリットの幼木。銅葉はユーパトリウム・チョコレート（米山さん宅の庭）／豪快な葉ものだけの花壇。後ろの銅葉はリシマキア。（岩井さん宅の庭）

←オレンジ、緑、黄色、赤銅色など、いろいろなヒューケラを集めたコーナーをヤブランで囲った。後ろにはギボウシやシャクナゲの幼木も。（川村さん宅の庭）

↓中央に黄色く輝くのはオウゴンシモツケ、左の細い銀葉はフェスツカ・グラウカ。キャットミントの花のブルーやユーフォルビアの黄色も、木の根元をにぎやかに。（「野わけ」の庭）

ナチュラルガーデンの作り方　7か条　⑤

5条　歩きやすくて、見栄えのするアプローチ&小径の作り方

　門を入ってから玄関までのアプローチは、庭への導入であり、ドラマの始まりです。短くても趣のあるものにしたいですね。
　アプローチ作りのポイントは、ラインと素材。緩くカーブを描く道にすると、奥行き感やナチュラル感が出ます。曲線は寄り道気分が味わえて心が浮き立つもの。素材は庭と溶け合うものを選びます。枕木、平石、レンガなど自然素材のものは、年月とともに風合いを増し、表情も出てきます。アプローチは毎日使う通路でもあるので、素材にこだわりつつも歩きやすさを優先させましょう。並べ方、目地の幅などによって雰囲気も歩きやすさも違うので、吟味してください。
　庭の中を通る小径は、草花の手入れをする動線も考えながら作ります。景観を引き立て、奥行きを感じさせるものにするには、自然素材でステップを作ります。要所にアーチを設置すれば、さらにドラマチックになり、庭を歩く喜びも増すでしょう。小径の両側には草花を植え、こぼれるように咲かせると効果的です。

↑大きなギボウシや生け垣の間を通って、吸い込まれるように階段を上る。階段が効果的な演出をしているアプローチ。（チェルトの森Y山荘の庭）

→レンガの小径が縦横に交差し、小径の中にもタイムがリズミカルに植えられている。歩きながら香りも楽しめる。（「ボッテガ・ヴェスタ」の庭）

枕木のアプローチで、庭との一体感を

　枕木は樹木や草花との相性がぴったり。庭の風景と自然に一体化し、しかも使い込まれた風情がありラフな印象も与えるので、ナチュラルガーデンにふさわしい素材といえます。枕木はもともと線路を支えるために堅い木材でできており、防腐処理もされているので耐久性も十分。

　枕木を通路に沿って縦に使えば奥行きを感じさせるイメージになり、横に敷けばリズミカルな印象になります。枕木は重いものですが、基礎工事がいらないので自分で敷くこともでき、楽しみながら作り上げることができます。

　足への感触がやわらかいのも、枕木のうれしい特徴。庭仕事がますます楽しくなりそうです。

→両側のビオラやゲラニウム、オダマキなどの花が枕木の雰囲気によく似合う。（「グリーン コテージ ガーデン」の庭）
↓長い木道と木のアーチを通って玄関へ。（「香草庵」の庭）

↑両サイドに石を置き、枕木を横に並べる。ボリュームのある紫色の花はゲラニウム・ジョンソンズブルー。アナベル、カシワバアジサイなども植えて、ダイナミックな印象に。(「マジョラム」の庭)

↓縦に置いた枕木とアーチで奥行きを演出している。日陰で湿気を帯びた木の色が、深い緑と調和する。(「マジョラム」の庭)

↑(上) カスガイで固定しながら、S字にカーブするように並べた枕木のアプローチ。カシワバアジサイが迎えてくれる。(「むーあん」の庭)
(下) 縦と横に枕木を配し、すき間を芝生で埋める。ジギタリスがのびのびと育っている。(「八ヶ岳さろん星の雫」の庭)

レンガや鉄平石で、趣のある小径に

　アプローチや小径は、庭の核となるイメージを作り上げ、全体を引き締める役割もあります。使う素材として代表的なのが、レンガや鉄平石。

　レンガは敷くだけで洋風のニュアンスになり、草花との調和もとれます。整然と並べてもいいけれど、目地を広めにとってラフな印象にしても効果的。鉄のように硬い鉄平石は、洋風だけでなく和風の庭にもマッチします。ひとつひとつ石の表情が異なり、凹凸がないので歩きやすいのが特徴。特にさび色を帯びたものは、洋風の庭に似合います。

　どちらも丈夫で、時間がたつほど味わいが増しますから、庭と一緒に育てていきたいものです。

↑（上）両脇を枕木で仕切り、その中にアンティークレンガを敷いたハーブガーデンの小径。まるでイギリスの庭にいるよう。（Y・Oさん宅の庭）
（下）葉もののグリーンのグラデーションと、小径の鉄平石のグレーが好相性。小径にはベンチを置いて、くつろぎのコーナーに。（「野わけ」の庭）

←長年庭を楽しんでいるうちに、レンガの角がすり減り、風格を帯びてきたアプローチ。（南さん宅の庭）

ウッドチップや砂利を敷いて
水はけよく、歩きやすく

　砂利やウッドチップを敷いた小径は、気負いのない印象で、庭の景色に自然になじみます。

　ウッドチップは、クッション性があって歩く感触がよく、庭に気持ちよく溶け込みます。自然に還る素材で、だんだん沈んでいきますから、適度に補給する必要があります。

　砂利は庭にとてもよく使われる素材で、イギリスでは砂利の庭のことを、グラベルガーデンと呼びます。薄暗い日陰などに敷くと、明るい印象になります。

　どちらも労力がかからず、ローコスト。誰でも簡単に敷けて、水はけがよくなり歩きやすくなりますから、上手に利用しましょう。

↑木々の中、ピンクを帯びた色の砂利が明るい印象を作っている通路。枕木を等間隔に置いて砂利止めに。(「サンディア・カフェ」の庭)

↓(上段左)砂利の明るいグレーと枕木の渋い茶色が、ほどよく調和した通路。(「マジョラム」の庭)　(右)円形のテラスと背丈のある草花の足元を、砂利で埋める。(「グリーン コテージ ガーデン」の庭)　(下段左)日陰の小径を清々しくしているウッドチップ。緑との相性も抜群。(川村さん宅の庭)　(右)落ち着いた彩りの花壇を石で仕切り、カーブを描くウッドチップの小径に。(五味さん宅の庭)

↑（上段左）ブルーのアスペルラなど背の低い小花たちが小径を彩る。（「グリーン コテージ ガーデン」の庭）（右）緑の濃淡はエゴポディウムとほふく性のコニファー。（「サンディア・カフェ」の庭）（下段左・中）タイムはグラウンドカバーにも最適。（Y・O さん宅の庭、「われもこう」の庭）（右）赤い実をつけるワイルドストロベリー。（「ボッテガ・ヴェスタ」の庭）

↓裏庭に広がる野草のマイヅルソウ。（若宮さん宅の庭）

足元が楽しくなるグラウンドカバー

　グラウンドカバーは、地面をおおうために植える植物のこと。地面を這うように伸びるほふく性の植物や、丈の低い植物を、通路などのすき間や建物などとの境目に植えて、目隠しとして使います。そういう場所は雑草がはびこりやすく、グラウンドカバーが雑草防止の役目も果たしてくれるので、手のかからない頑健な種類を選びます。

　アプローチや小径の目地に愛らしい花が咲いていたり、日当たりの悪い建物の脇に魅力的なかわいい葉が這っていたりすると、思わず愛おしくなってしまいますね。ただし、どんどん増えるものも多いので、適度に切り戻しましょう。

↑（上段左）地面をおおうイワダレソウ。ピンクの小花が雑草よけになっている。（「キャビン」の庭）（右）デッキの下には日陰に強いミヤコワスレ。（「八ヶ岳さろん星の雫」の庭）
（下）枕木と砂利の通路にセダムとユーフォルビアが這い出し、黄色の花をつける。斑入りの葉はラミウム。（「われもこう」の庭）
→ライラック色のクラウンベッチが這い広がる。（「香草庵」の庭）

ナチュラルガーデンの作り方　7か条 ⑥

6条　ベンチやガゼボで、憩いの場所を用意する

　庭は住まいの延長、もうひとつの部屋です。新鮮な空気と緑あふれるアウトドアルームで過ごせば、家族や友人たちとの時間も、ひとりの時間も、ゆったりとした豊かなものになります。

　アウトドアルームで落ち着いて過ごすためには、通りなどから丸見えにならないよう木々やウォールなどで視線をさえぎり、囲われているような雰囲気を作るといいでしょう。そこに小さなベンチがひとつあるだけで、庭を眺めてくつろぐことができるし、テーブルを置けば、食事やお茶も楽しめます。もしガゼボ（東屋）があれば、直射日光や雨もよけられ、庭で過ごす楽しみがもっと増えることでしょう。

　そんな空間で家族や友人たちと、花が咲いたうれしさや実を収穫する楽しみを共有することができたら、丹精込めて庭を作ってきた甲斐があるというものです。花が美しく咲き、戸外で気持ちよく過ごせる時期は短いので、その時期を堪能できる場所はとても大切。心地いい風が吹き抜ける中で、咲き誇る花やしたたる緑を満喫してください。

↑たくさんの花が咲く庭の、ハニーサックルのアーチの下にベンチを置いている。ベンチの前には池があり、アヒルたちが水を浴びる。（原さん宅の庭）

→明るい緑のゴールデンアカシアの木陰に設置されたガゼボ。日差しがステンドグラスの光をテーブルに落とし、涼しい風が吹き抜ける。（「香草庵」の庭）

緑と花に囲まれたベンチで
リラックスタイム

　庭はどこから見るかによって景色が変わります。リビングの窓からだけでなく、別の方向から見たらどうでしょう。立って眺める庭を座って見たら、新しい発見があるかもしれません。庭仕事が一段落したら、そのまま座ってひと休みしながら仕事の成果を確認できるといいですね。

　ベンチは庭の必需品。小さなスペースがあれば設置できますから、庭の広さも問いません。木陰やつる性の植物が絡まるアーチの中など、直射日光が当たらない場所に置くと、夏の暑い日でも気持ちよく過ごせます。

　花が咲き誇った天気のいい日は、庭のベンチでくつろいでください。清々しい気分になります。

↑ピンクのつるバラがティアラのようでかわいいアーチの中に、すっぽり収まるベンチ。ここに座ったらロマンチックな気分になれそう。(若宮さん宅の庭)

←シラカバの根元に置いたひとり用のベンチ。木陰で読書をしたり、ひと休みしたり。静かな時間を楽しめる。(川村さん宅の庭)

↓(下段左)芝生が広がる庭に置かれたベンチは、木漏れ日が心地よく、ペンションのお客様のくつろぎの場になっている。(「われもこう」の庭)
(右)花の中に、実家の建て替えのときに出た梁を使った素朴なベンチ。庭のアクセントになっている。(五味さん宅の庭)

←使い込んで風合いの出た木製のガーデンセット。(「香草庵」の庭)
↓花壇の中やアイアンドームの中にテーブルセットを。(上・「グリーンコテージ ガーデンの庭」、下・原さん宅の庭)

↑庭を見通せる位置に置いたアイアンのチェアは、デザインがユニーク。脇のテーブルには寄せ植えを飾って。(「シンプリーガーデン」の庭)

↓パーゴラの下にセットされたテーブルとチェア。背もたれがカーブしていて、ゆったり座れる。(「われもこう」の庭)

ガーデンテーブルで
新鮮な空気とお茶を

　新鮮な空気と開放的な気分が食欲をもたらしてくれるのか、同じ飲み物や食べ物でも、外でいただくとおいしさは格別です。

　庭をもうひとつの部屋として活用するためには、テーブルとチェアがあると便利。ちょっと奥まった花の香り漂う場所に置くと、リラックスして過ごせるでしょう。人目が気になるなら、ウォールやフェンスを工夫してください。テーブルセットはアイアンや木製のものなら、違和感なく庭に溶け込みます。戸外で使っているうちに錆びたり朽ちたりしてきますが、それも味わい。日差しが強い季節には、パラソルを用意しておきましょう。

↑庭の奥のガゼボはモッコウバラがかぶさり、日陰を作ってくれる。(「むーあん」の庭)

↑広いデッキのパラソルの下で。クロスをかけ花を飾り、澄んだ空気と気持ちのいい庭を堪能。(岩井さん宅の庭)

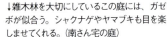

↓雑木林を大切にしているこの庭には、ガゼボが似合う。シャクナゲやヤマブキも目を楽しませてくれる。(南さん宅の庭)

ガゼボや広いテラスを楽しむのも八ヶ岳スタイル

　広い公園ではガゼボ（東屋）でお弁当を食べている人たちを見かけますが、開放的でありながらこぢんまりしたスペースは、「入ってみたい」と人を惹きつけるものがあります。

　林の中にあるような広い庭なら、ぜひガゼボを設けてみたいもの。その中でおいしいものをいただいたら、つい長居をしてしまいそう。強い日差しも突然の雨も防いでくれるので、安心して過ごせます。キットで組み立てられるガゼボもあるので、ＤＩＹで作ることもできます。

　庭に張り出したテラスやデッキも、余裕があればできるだけ広く作りたいもの。デッキは室内の一部ですが、テラスは庭の一部。テラスは靴を履いたまま入れるように、テラコッタや石の床にするといいでしょう。いずれも軒を深くする、日除けのオーニングをつけるなどして、日差しや雨を防ぎ、テーブルセットと植物だけのシンプルなレイアウトにすると、気持ちよく過ごせます。

↑（上）まるで洋書のような白い素敵なガゼボ。赤いクロスがよく似合い、ランチも優雅になりそう。（松井さん宅の庭）
（下）深くとった軒とゴールデンアカシアが作る日陰と、インド産鉄平石の床のおかげで涼しく気持ちのいいテラスに。庭を眺めながらお茶を。（「シンプリーガーデン」の庭）

ナチュラルガーデンの作り方　7か条　**7**

7条　雑貨や寄せ植えで、庭にアクセントをつける

　ナチュラルガーデンの主役はのびのびと育つ草花や木ですが、そこにガーデン雑貨をポイント的に使うと、雑貨が植物の魅力を引き出してくれます。でも、置き場所や雑貨の量を決めるのは、意外に難しいもの。一度置いたらそのままにせず、置き換えたり引いたりしながら、ベストの場所と量を探りましょう。

　ナチュラルガーデンにぜひ置きたいのは、巣箱や鳥のエサ台。シンボルツリーに巣箱を取りつけたり、窓辺にエサ台を置けば、小鳥たちが寄ってきて、かわいい姿で鳴き声を聞かせてくれます。

　寄せ植えなどのコンテナも、アクセントに置きたいもの。平板になりがちな花壇にコンテナで高さの変化をつけることができます。玄関先やデッキの上など花を植えられない場所を、花や緑で彩ることもできます。さらに、庭の花が終わったあとも、コンテナなら苗を植え込んで、いろいろな花を楽しめます。

　植木鉢でも雑貨でも、気をつけたいのは材質。自然になじまないプラスチックは避けて、テラコッタや木、石、アイアンなど、目にやさしいものを選びましょう。雑貨やコンテナは庭のアクセント。遊び心もプラスしながら、庭を飾ってください。

←家型の巣箱に鳥がやってきた。巣箱は鳥によって好む箱の大きさや穴のサイズが違うことと、景色とマッチする材質を考えて選ぶ。巣箱は冬にかけ、子育てが終わった秋にはずして掃除する。(「香草庵」の庭)

→朽ちかけた樽とテラコッタのコンテナが置かれた玄関先。シックな色のガクアジサイや銅葉が、コンテナの素材と絶妙にマッチしている。(「マジョラム」の庭)

雑貨は自然素材で
存在感のあるものを

　アイアンや木などの自然素材のものは、使い込むほどに錆びたり、色落ちしたり、朽ちたりしていい風合いになってきます。そんな味のあるものは、植物の生き生きとした美しさを引き立てるので、ナチュラルガーデンによく似合います。

　自然素材のガーデン雑貨でも、装飾的な置物などより、ジョウロやチェアなど実際に庭で使う道具や、質感やフォルムがおもしろい石や鉄のオブジェなどのほうが、庭に自然になじみ、落ち着いた雰囲気を作れるのでおすすめです。

　また、気に入った雑貨でも、多すぎるのは逆効果。小さくても存在感のあるものを少し置いたほうが、庭のアクセントとして効果的です。雑貨は吟味して選び、いろいろな場所に置いてみて、草花も雑貨も素敵に見える場所を探し出してください。

↑モルタルで作った囲みの中にセラミックの鉢を置き、デッキのポイントに。(「サンディア・カフェ」の庭)

←真っ赤に錆びたダルマストーブの上に斑入りのヘデラを載せる。錆びているから風情がある。(「マジョラム」の庭)
↓スタッデッドストーン。穀物小屋に侵入しようとしたネズミを引き返させる石。(「シンプリーガーデン」の庭)

↑ワイヤーかごに砂利を入れ、多肉植物を植え込んで、テラスに置く。ブルーのチェアとのコントラストが素敵。(「われもこう」の庭)

↑(上)錆びたチェアが背景の軽量レンガと程よくマッチして、足元の緑を引き立てている。(「マジョラム」の庭)
(下)多肉植物を植えたトラフ。トラフとは家畜の飼料や水を入れる、石を掘った容器のことで、ワイルドな植物が似合う。(「シンプリーガーデン」の庭)

↑手作りのエサ台に、ヤマガラなどの野鳥が集まる。ナチュラルガーデンならではの光景。(若宮さん宅の庭)
→(左)庭で採れたセージなどのハーブを、ドライフラワーにしてカゴにディスプレイ。(「むーあん」の庭)
(右)セダム類を植えたバスケットを、アイアンのチェア載せて日当たりのいい場所に。(原さん宅の庭)

寄せ植えは
ウェルカムの気持ちを込めて

　花壇の花が次々と咲くように工夫しても、常に見ごたえのある庭にしておくことは難しいですね。その点コンテナなら、植物を植え替えながらずっと花の咲いている状態にしておけます。花壇には多年草がおすすめですが、寄せ植えは生育が早い一年草を中心に何種類か組み合わせると、バリエーションも楽しめます。

　門やポーチは、その家の個性がかいま見られるところ。素敵な寄せ植えで道行く人々の心を和ませ、ウェルカムの気持ちを込めてお客様を迎えたいものです。あの人の好きな黄色い花をメインに、子どもが来るからかわいらしく……と、お客様に合わせた寄せ植えでお迎えできれば最高です。予定が決まったら早めに作っておいて、根を落ち着かせると植物も生き生きとしてきます。

↑バラのようなピンクはゼラニウム。この花をメインに白と青の小花でまとめ、濃紫のロベリアを差し色に。（「シンプリーガーデン」の庭）

←コンテナを並べた玄関先。明るいピンクとブルーの花の寄せ植えで、華やいだ雰囲気に。（「キャビン」の庭）

↑（左から）ガイラルディアの濃いオレンジに白いストックなどを合わせた、印象的な寄せ植え。／ピンクの花を咲かせるセダムなどを、朽ちかけた一輪車に。（共に「マジョラム」の庭）／中心はビオラ、周囲は水苔に植えた多肉植物。（「グリーン コテージ ガーデン」の庭）／クリスマスの寄せ植えは室内で楽しむ。（米山さん宅）

秋の寄せ植えを作ろう

　秋は庭の花も少なくなって寂しくなります。そんな季節こそ花をぎゅっと集めた寄せ植えで華やぎを演出しましょう。美しい状態を保つためにも、まめに花がらを摘みます。寒冷地は冬になると鉢の中も凍るので、その前に室内に入れてあげてください。

1

華やかな雰囲気の寄せ植えの植物：ダリア、カレンデュラ、アゲラタム、八重咲きバコパなど。

2

鉢に鉢底用の石を入れ、花用の土を7分目まで入れる。鉢が深い場合は石を多めに。

3

植物はポットから出す前に水をかけて湿らせる。ポットから出したら、そっと根をほぐす。

植物を植え終わったら、すき間に土を追加しながらしっかり押さえる。最後にたっぷり水やりを。

4

まずメインとなる花を植える。正面を決め、中心からやや後ろに植えるといい。

5

植物を詰めて植えると、土の上部分に葉が密集し蒸れやすくなるので、下の葉を切り落とす。

6

根がきつく巻いていたら、水を張ったバケツの中で根洗いしながらほぐすといい。

7

後ろに背の高い植物を持ってくるとバランスがいい。後ろから前へ詰めながら植えていく。

8

アクセントになる花の位置は重要。ほかの植物とのバランスを見ながら場所を決定する。

1

秋風をイメージした寄せ植えの植物：ムラサキシキブ、千日紅、ヒューケラ、グラスなど。

2

背の高い植物を植えたら、周囲に低い花、葉もの類の順に植えていく。

3

最後にヒューケラを鉢の縁から垂れるように植え、動きを出す。土を加え、水をたっぷり。

シンプリーガーデンの Garden Column ②

詳しい花図鑑を1冊は持っていたい

植物の最新情報は雑誌や洋書から

何でもインターネットで調べられる時代になりました。植物のことも、種類、学名、特徴、育て方……すぐにわかります。

私がこの仕事をしようと決意したときはパソコンなどなく、植物図鑑をバイブルのように読んで、花の学名や植性を頭に叩き込みました。そのうち、英国王立園芸協会が『The Garden』という会報誌を出していることを知り、定期購読を始めました。毎号テーマの花があり、その花の魅力、新品種と開発者の話、手入れ法、ガーデンの紹介などが載っていて、最新情報をいろいろ教えてくれました。

機会があるごとに洋書も手に入れ、庭の具体的な作り方、花の合わせ方などを学びました。

イギリスの本や雑誌から、私はたくさんのことを勉強させてもらいました。

知識が増えると楽しみも広がる

ガーデンについての実践方法や最新情報は洋書や雑誌が参考になりますが、植物について基本的な知識を増やすためには、やはり図鑑が一番です。

図鑑は中途半端な内容のものを何冊も持っているよりも、たくさんの花が載っている詳細な内容のものを、1冊持っているほうが便利です。

私は『PLANTS & FLOWERS』という図鑑を2冊愛用しています。1冊は多種多様な植物が、1万5000種類網羅された辞典的なもの。もう1冊は植物の種類、色、大きさ別に引けるもの。どちらも英国王立園芸協会の監修で、イギリスでは「一家に1冊」あると言われています。

図鑑を使って植物の科、属、学名、植性を知ると、知識は急速に増えていきます。初めて植える植物でも、その知識を手がかりに土質を調整したり、植える場所を決めたりできるようになります。

図鑑は難しいものではなく、楽しいもの。眺めているだけで、植物の豊かな世界が感じられます。実際に見たことのない花でも、知っている植物の親戚筋に当たることがわかると、何だか親近感を覚えます。図鑑には研究者たちの植物への愛が詰まっていて、感動させられるのです。

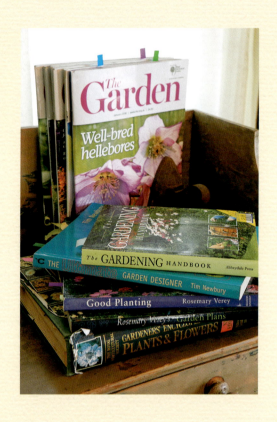

3章

八ヶ岳
ガーデンの四季

八ヶ岳の春は遅く、5月になって花が咲き始めます。それから次々
と花が咲き、6〜7月に最も美しい時期を迎えます。
庭とともに暮らすおふたりの方の、季節ごとの庭の変化を見せてもら
いました。早春の喜び、夏の清々しさ、秋の紅葉、冬の厳しさ……刻々
と変化する庭は、自然の素晴らしさを教えてくれます。

季節の花が次々と咲く小さな丘
Landscape Garden

若宮稔美さん

早春

|水彩絵の具で薄く掃いたように
|冬枯れの丘が淡い色に染まり出す

　どんなに冬が寒くても、名残の雪が降っても、芽吹き、花が咲き始める早春。寒さの中をじっと耐えていた草花が「約束したみたいに咲いてくれるのがうれしい」と若宮さんは言います。3月、雪の中からスノードロップやセツブンソウが顔を出し、トサミズキやサンシュユの黄色い花が咲き、庭は早春の色に染まっていきます。

　花を咲かせるのが上手な人のことを"緑の指"を持っていると言いますが、若宮さんも"緑の指"の持ち主。オキナグサなど絶滅危惧種の野草を咲かせ、種から育てた木には、大きくなって花をつけたものもあります。「植物は生き物だから、途中で世話をやめることができない。だからずっと続いてきたんだと思います」

　草花たちはそれに応え、そこここで春を呼んでくれています。

↑白い毛におおわれたチョコレート色のシックな花のオキナグサは絶滅危惧種。開花後の白く長い綿毛がおじいさんの姿に見えることからこの名がついた。種から育てたものが庭に咲く。
→緑を帯びた花から紫や黒の花まで各種クリスマスローズが木の根元を埋める。ブルーの花はプルモナリア。

↑(左) 4月、トサミズキが黄色い花をつけ、ムスカリがブルーの花を咲かせている。春の始まり。
(右) 黄色いカップのような花はスイセンの一種、バルボコディウム。淡いブルーはプシュキニア・スキロイデス。いち早く花を咲かせる球根は、秋のうちに植え込んでおく。

春
愛らしい小花が咲き乱れ
広い庭は花咲く野原のようになる

　若宮さん宅はなだらかな斜面の上に建っています。小さな丘のようになっている庭は、春になると色とりどりの小花が埋めつくし、花の咲く野原のようになります。明るい春の山を表す"山笑う"という春の季語がありますが、ここは"庭笑う"でしょうか。
　裏庭の野草も真っ盛り。クリンソウやサクラソウがピンクの愛らしい花をつけ、白や薄いブルーのオダマキも凛として咲き、美しい春の調べを奏でています。

玄関を赤く彩るツキヌキニンドウ。
ハニーサックルの仲間。

↑（左）斜面に小さいサイズのリナリアやナデシコ、ビオラなどが咲く。奥のオレンジ色は八重のポピー。
（右）前庭左に咲く黄色いロックローズ。赤のロックローズの後ろには、淡い紫のフラックス。ロックローズは日に当たると花が開く。

→（左）オレンジのポピーの近くには鳥のエサ台があり、野鳥が集まってくる。
（右）白い花を球状に密集して咲かせるオオデマリ。その名のとおり大きな手毬のよう。

↑（上段左）家の東側にある赤いストロベリーキャンドルの小径。その向こうにリンゴの木が見える。
（右）レンゲツツジの根元を埋めているのは、白い小さな花をつけるマイヅルソウの群生。
（下段左）柵で囲まれた花壇の外のアヤメ。バラが咲く前に目を楽しませてくれる。
（右）クリンソウ、ブルーベル、オダマキなどの花で木の下も明るい。

↑細長いピンクや紫のルピナスの後ろは、赤銅色の葉のリシマキア。カラーリーフでアクセントをつけている。

→ブルーとピンクのオダマキ、黄色の早咲きのニッコウキスゲなどでカラフル。清楚なオダマキにもいろいろな色があるが、同じ色でまとめると印象的。クリスマスローズもまだ咲いている。

春
愛らしい小花が咲き乱れ
広い庭は花咲く野原のようになる

初夏

> バラが咲き始めると
> 庭は一気に華やぎ、匂やかに

↑（左）家の外壁を伝っているのは、つるバラのポールズヒマラヤンムスク。立性のバラの手前には、ゲラニウムが咲く。
（右）アヤメが終わり、バラが咲く。色鮮やかなポピー、ジギタリスの向こうにもつるバラが。
↓柵にもバラ。ゲラニウムやナデシコの小花を添えて。

　若宮さんの庭は、つるバラ、四季咲きのバラ、ミニバラなどたくさんのバラが咲きます。6月、バラが咲き始めると、アグロステンマやゲラニウムも咲きそろい、木々も白い花をつけ、庭は美しい花の丘のように。特に見栄えがするのが、柵で仕切られた花壇の中。背の高いジギタリスに交じってニゲラなどの繊細な花も咲き、アルケミラの黄色い花とやわらかい緑の葉が、足元を明るく彩ります。清々しい初夏の喜びを、花たちが表現してくれているようです。

↑花壇の入り口のアーチには濃赤、ピンク、白のつるバラが絡まる。
→木に咲く花は白が多く、これはバイカウツギ。奥の紫がかったピンクの花はアグロステンマ。手前の紫の花はセージ。

↓広い庭の中に白い柵で囲った花壇を作り、変化をつける。その出入り口にはアーチがあり、中心には日時計がある。

127

↑日当たりのよい斜面に緑が広がり、クマシデの木が木陰を作る。手前の明るいグリーンの葉はアルケミラ。その後ろの黄色い花はサントリナ。バラの横には白いシレネがたくさん咲いている。
→（上）花壇の中には、ミニバラやニゲラがやさしい雰囲気で咲く。奥の黄色い花はツキミソウ。
（下）大きさも色もさまざまなバラの間には、ジギタリス、アグロステンマ、セージなども咲き、美しい色合い。

初夏
バラが咲き始めると
庭は一気に華やぎ、匂やかに

↑入り口を入ってすぐの左手には、白い花をいっぱいつけたヤマボウシ。手前をアグロステンマやポピーが彩る。
←（上）小さめの花をつけるバラの中にたくさんの草花が咲き、愛らしい光景に。
（下）早春から夏の終わりまで、次々と花が咲くように計画して植えている。初夏にはポピーがそろそろ終わり、ジギタリスが盛りを迎え、バーバスカムが咲こうとしている。

玄関脇に咲くアカンサス・モリス。大きな葉も高く立ち上がる穂花も存在感がある。ピンクの花はホタルブクロ。

盛夏
青葉が茂る中、花たちは
輝く太陽に向かいまっすぐ伸びる

「難しいのは黄色い花の扱い。どこで咲いてもらおうかと考えます」。目立つ黄色に思いっきり活躍してもらうのが、夏。元気な黄色の花と空に向かってグンと伸びる花は夏らしさの象徴。そこに白やブルーの花も加え、木陰もたくさん作り、涼しさを感じるようにします。植物のエネルギーにあふれた庭に吹く風は緑の匂いがします。

　八ヶ岳の夏は短く、お盆を過ぎると早々と秋の気配。そろそろ次の春の準備が始まります。

↑アーチに絡まる黄色い花はツルケマンソウ。花期が長く、夏を黄色に彩る。左のブルーの花はデルフィニウム、手前のピンクの花はナデシコ。
←春はストロベリーキャンドルで赤く染められていた小径が、夏の風景に変わった。手前のピンクの大きな花はオニサルビア。その後ろの高い黄色い花はバーバスカム。奥の白いカシワバアジサイも満開。

←白いアナベルの横は、黄色のヘメロカリス、ピンクのエキナセアなど。奥に背の高いホリホックが咲き、夏らしい光景。
↓(左) 木陰に咲くブルーの花はベロニカ。春はオダマキなどが咲いていた場所。
(右) 春は色とりどりの花が咲いていた柵の中の花壇。花も入れ替わって、勢いのある夏の景色になった。

林の中の美しい四季
Woodland Garden

南 汰水子さん

早春
八ヶ岳の遅い春が到来
野草が芽を出し、球根の花が咲き始める

「植物の芽吹きを見ると、少女に戻ったような気持ちになる」とにこやかに言う南さんのお宅は、別荘地の雑木林の中にあります。体の弱い南さんは、東京から静養を兼ねてここに住むようになって、もう30年。今も冬は体にこたえるけれど、ひとりで雪かきができるほど丈夫になりました。

春いちばんの庭仕事は、枯れ葉を熊手でかいてきれいにすること。草花を植えているところはそっと手で取り除き、そこに緑の小さな芽を見ると、感動にふるえてしまいます。秋に植えておいたスイセンやチューリップが咲き、プリムラが咲き、コブシが花をつけると、待ちに待った春。植物たちから生きる力をもらって、エネルギーがわいてくるのを感じます。

↑(左) 石で囲った花壇の中には、白いアリッサムとブルーのネモフィラが咲く。黄色いレンギョウも咲き始めた。5月初旬の庭はまだ冬枯れで、草花でにぎわうのはもう少し先。
(右) スイセンやムスカリ、八重のかわいいプリムラが咲き始め、春を運んでくる。

↑（上段左）チューリップやスイセンなど球根の花は、早春に欠かせない明るい色。（中）白いコブシの花が咲く。屋根より高くなるほど成長した。（右）枯れ葉の中から首を出すプリムラ。
（下段左・中）草の芽吹きが始まる。（右）カタクリは林の中で真っ先に咲き、羽を反らしたような花が可憐。自生している山野草。

枝先に薄紫の小花を房状につけるライラック。大きく枝を広げた木は、たくさんの花をつけている。フランス語ではリラ。

春

**木々が若葉色になり、庭も春色になるころ
ライラックの花も満開を迎える**

庭の角のミツバツツジがピンクに染まる。山地に自生し落葉するツツジは色がやさしい。

　春、南さんの庭は甘い香りが漂います。淡い紫の花、ライラックです。ここに家を建てたとき、いくつかの木を残し、新たに数本の木を植えました。その中の1本がライラック。涼しい土地を好むこの木は大きく枝を広げ、たくさんの花をつけています。
　日当たりのいい場所にはカラフルな春の花が咲き、大きな木の根元や裏庭にはひっそりと山野草が咲くこの庭は、南さんの癒しの場。朝夕の手入れをしながら草花に声をかけ、眺めながらくつろぎ、心も春色に染まっていきます。

↑家の裏の木の根元に群生して自生するチゴユリ。小さな白い花が愛らしい。

↑ロベリアやアリッサム、スカビオサなどの寄せ植えが窓辺を飾る。

↑1か月前は枯れ野だった庭が緑いっぱいになり、たくさんのつぼみをつけている。手前のブルーはネモフィラ。

←庭の中にガゼボがあり、気候がよくなるとここで過ごす時間も長くなる。手前に咲くのはシャクナゲ。

←↑木の根元に咲くのは、自生しているサクラソウ。園芸種のプリムラより清楚な印象。

↑（上）壺型のかわいい花をつけるベニバナドウダン。ドウダンツツジは白い花が多いが、赤い花も魅力的。
（下）ポールズヒマラヤンムスクは、育てやすくよく伸びるつるバラ。小輪のやさしいピンクのロゼット咲き。

↑（上）抑えた紫色の穂状の花をつける自生のクガイソウ。霧が出たときなどは、幻想的な姿に。
（下）たくさんの花をつけたポールズヒマラヤンムスクがアーチにかかり、チャーミング。

↑アーチだけでなく、庭のいたるところに絡むクレマチス・モンタナ。

↓庭の外の道路沿いにも花を植えている。上品な紫色のアヤメと、背の高いピンクのシレネが元気に育つ。

初夏

クレマチスの、つるバラの
淡いピンクの花で庭中が包まれる

　ベビーピンクの愛らしいクレマチス・モンタナが、入り口のアーチに、木に、オベリスクに絡まり、緑の庭は大きなリボンをつけたように見えます。「すごいでしょう。私は、庭は生命の交歓の場だと考えているから、あらゆるところに絡ませちゃう」と、南さんは笑います。

　半月後、クレマチス・モンタナは、つるバラのポールズヒマラヤンムスクに交替。今度はピンクのバラがたわわに咲いて、アーチを優美に香り高く飾ります。

↑サンルームの前の庭。緑の中のテーブルに座って、オレンジ色や黄色の花を眺めていると、高原の森の中で夏を過ごす心地よさを満喫できる。

盛夏

木立の中はひんやりと涼しく
花たちも気持ちよさそうに咲く

↓（左）白いアナベルとカサブランカが清潔で涼しげ。奥にガゼボがある。
（右）自生しているレンゲショウマ。シックな色とほっそりとした姿が印象的な花。

　南さんの庭は森のよう。あえてたくさんの木を育て、その中に花を咲かせます。夏には木々の葉が茂り、木陰にたっぷり緑滴るシェードガーデンになります。その中で純白のアナベルやユリが輝き、ルドベキアやノカンゾウが華やかな色をつけ、小さな野生の花もあちこちに咲き、どの花たちも深く息をしているように見えます。

　心地いい緑あふれるこの庭は、南さんの宝物です。庭仕事のあとはシャワーを浴び、ワインを飲みながら庭を眺めるのが至福の時。夏の夕方はゆっくりと暮れていきます。

↑（左）白のフロックスの横のピンクの花はシュウメイギク。後ろにはまだ緑色のモミジが。
（右）木漏れ日の中、宿根草のヒマワリやピラミッドアジサイが咲き、夏の気持ちよさを感じさせる。

↓アプローチの脇のブルーの花は、宿根アスターのアメルス。グリーンになったアナベルなどが出迎えてくれる。

秋

木々が色鮮やかに紅葉するころ
草花も人も冬支度に入る

　落葉樹が多いこの庭は、秋になると赤や黄色に染まり、最後の華やぎを見せてくれます。自然の摂理の見事さに感動しつつ、毎日せっせと落ち葉掃き。「落ち葉の上を歩くときのサクサクという音が楽しくて」と南さん。落ち葉は冬を越す草花たちの布団になり、腐葉土になります。春の花の球根を植え、寒さの苦手な植物を霜が降りる前に鉢に移して、室内に入れるのも秋の仕事です。外と内の冬支度が終わってほっとしたら、秋はもう深まっています。

↑（左）外壁のニッチにツタが這い、黄色に紅葉した葉がかぶさる。
（右）燃えるように赤く色づいたモミジ。庭の草花は枯れ、針葉樹と紅葉した木々が残る。

↑庭の木々には、赤や黄色、紫の実もつく。室内に飾って楽しむ。
←赤や黄色のグラデーションが美しい。大きな赤い木はモミジ。春の新芽、秋の紅葉が見たくて植えた。赤く色づいた生垣は、ドウダンツツジ。

↑ピラミッドアジサイの花が秋色に変化した。立ち枯れのアジサイは、ドライフラワーとしても楽しめる。

冬

氷点下の日が続く寒さの中で
植物たちは着々と春の準備を進めている

　庭の木々の葉がすっかり落ちると、サンルームに冬の日差しがたっぷり入るようになります。冬の間、南さんは日中はもっぱらここで鉢上げした植物の世話をしながら過ごします。

　ひと冬の間には氷点下20℃まで下がる日もあり、庭が雪に埋もれることもしばしば。「サンルームの窓から庭を眺めながら植物ってけなげって思います。寒さに耐えながら、芽吹きの準備を進めているのですから」

　冬の厳しさにくじけそうになったとき、裸になった木々に励まされるという南さん。そして、やっぱりここで植物たちとともに季節を感じ、エネルギーをもらい、生きていこうと思います。

↑雪をかぶるウバユリの実。ユリは切らずに植えたままにしておくと、実をつける。茶色い殻の中に種が入っている。

↑立ち枯れのアナベルが、雪の帽子をかぶって寒さにじっと耐えているようだ。

↑屋根の雪から垂れる水滴が凍ってできる氷柱。透明な美しさに思わず見とれる。

↑クリスマスが近づくと、庭のコニファーなどでリースを作り、飾る。

ナチュラルガーデンを作ろう

素敵な庭を作るには、最初にしっかりプランを練り、土作りをしておきます。
そうすれば、その後はあまり手はかからず、きれいな花を咲かせてくれます。
庭は暮らしとともにあってこそ。無理せずにできるナチュラルガーデンを目指しましょう。

①動線を決める

　庭の動線にはふたつあります。ひとつは日常の動線。玄関から駐車場や門にはどう行くか、洗濯物はどこに干し、納屋、水道、裏庭にはどう行くかなど。日々の暮らしの中の動きですから、無駄のない動線にすることが重要です。
　もうひとつは風景としての動線。庭の中に動線をどう描くかをデザインとして考えます。敷地の形、日当たりなどを考慮してアイデアを練りましょう。
　たとえばアプローチを少しカーブさせると、日常の動線にも支障はないし、デザイン的にも素敵になります。日常の動線を優先しながらプランを決めます。

②シンボルツリーの木と位置を決める

　シンボルツリーは家の顔です。好きな木がいいですが、高さはどのくらいになるのか、枝の張りはどうなのか、植木屋さんの意見を参考にして決めます。リビングなど家の中からの見え方、外からの見え方の両方を考え、動線をじゃましない位置に決めます。次にサブになる中低木や低木も同様に決定を。
　木の育て方は、1本の幹を太く伸ばすか、何本もの幹を伸ばす株立ちにするかによってもイメージが違います。これも専門家に相談して決めるといいでしょう。

③どういう花壇にするかを決める

　庭作りではいちばん大切なのは、生活の中に庭をどう取り入れたいかということ。子どもが遊ぶ庭なら、芝生を広く花壇は周囲に。果実やハーブを料理に使いたいなら、実のなる木とハーブの咲く花壇に。木陰でくつろぎたいなら、シェードガーデンに。忙しい人には、葉ものや多年草を中心に、広すぎない花壇がいいでしょう。
　花壇の位置を決めたら、草花を選びます。草花は温暖な土地を好むもの、寒冷地向きのものなど、気候によって育たないものがあります。日当たりや水はけ、風通しなどによっても生育状態が違ってきます。庭の条件に合う草花を選びましょう。

④土作りをする

　きれいな花を咲かせるには、草花が育つのに適した土が必要。土がいいと草花が元気に育ち、庭仕事の労力も軽減します。

　まず、花壇の中の雑草を取り除きながら、深さ30センチぐらいまで耕します。そこに腐葉土やワラ発酵などの堆肥をすき込みます。粘土質の土や踏み固めてしまった土は、多めの腐葉土にパーライトなどを加えて耕し、通気性をよくします。元駐車場など花を植えたことのないやせた土地を花壇にする場合は、堆肥に牛糞や馬糞などの肥料もすき込みます。化成肥料は土を硬くするので、できるだけ有機肥料を。また、養分が多すぎると窒素過多に。窒素が多いと葉は茂るけれど花芽が少なくなります。窒素が少なすぎると花つきが悪くなって葉が黄色っぽくなるので、肥料は適量を与えましょう。

　土を耕すときはpHを調べて、植える植物に適し

pH	適する植物の例
5以下 強酸性	ベゴニア類、アゲラタム、カラー、ツツジ、スズラン、アザレア等
5〜7 弱酸性	バラ、ユリ、ユーフォルビア、フクシア、カーネーション、ストック、ゲラニウム、サルビア、デルフィニウム、アリウム、エレメルス、ペンステモン等
7 中性	ベロニカ、ルドベキア、フロックス、ジニア、マリーゴールド、アスター、マーガレット、プリムラ類、デルフィニウム、ゲラニウム等
7以上 アルカリ性	ゼラニウム、ガーベラ、スイートピー、ジャーマンアイリス等

たpHに調整します。石灰を加えるとアルカリ性の土に、ピートモスを加えると酸性の土になります。ホームセンターなどでpHを調べる簡単なキットが売っていますから、ぜひ活用してください。

⑤苗を植えつける

苗の2〜3倍の穴を掘り、肥料をすき込む

　苗の植えつけに適した時期は、春と秋。寒さに弱いものは春の霜が降りなくなってからにします。樹木の苗も夏と冬は避けます。土を耕して雑草を抜き、ポットのまま苗を植え込む場所に置いて、間隔を確認し、苗の2〜3倍の大きさの穴を掘ります。

　穴の中に腐葉土と牛糞や馬糞などの肥料を入れ、すき込みます。肥えた土を好むバラやデルフィニウムなどには多めに入れるなど、肥料の量は植物の種類や株の大きさで調整を。

ポットを湿らせてから苗を出し、根をくずす

　苗の入ったポットに水をやって十分に湿らせ、水が切れたら、根を傷つけないように苗を出します。ぎっしり根が巻いている場合は、ほぐすようにして根をくずし、しっかり根が張れるようにしてやります。

苗を植えつけ、たっぷり水をやる

　苗を穴に入れ、根の部分に土を寄せながら、そっと手で土を押すようにして植えます。植えたら水をたっぷり。日差しの強い場所は定着するまで水をやってください。

　株分けした植物の植えつけも同様に。

ナチュラルガーデンを作ろう
多年草　手入れカレンダー

春　4〜5月

フレームワークを作る

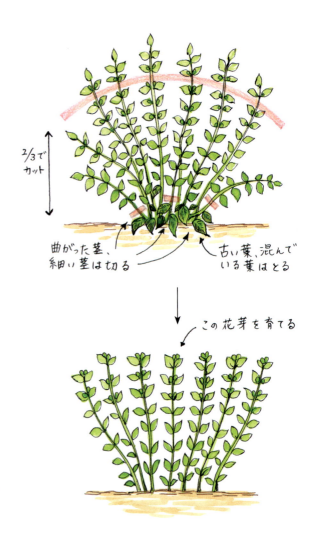

　暖かくなると冬を越した多年草が伸びてきます。茎が増えた多年草の株の形を整え、これからどんな形に伸ばしていくかを決めることを、フレームワークを作るといいます。

　フレームワークの作業は、株の上部1/3ほどを刈り取ります。そのとき、細い茎や混み合っている茎、外側に飛び出している茎も間引いて数を減らします。こうすることで、切り口の葉の脇などから花芽があがり、花丈をコンパクトにして、たくさんの花を咲かせることができます。同時に、古い葉、混んでいる葉なども除去。風通しがよくなり、蒸れにくく、病気にかかりにくくなります。

　フレームワークは、フロックス、ルドベキア、サルビア、アスターなど、たくさんの茎が伸びる草花に対して行います。ただし、同じ株で毎年行うと株が弱っていくので、3年に1回ぐらい株分けをして元気にしてやります。

　ジギタリスやデルフィニウムなどは、葉の間から花芽が出ないので、フレームワークをせず、古い葉や混み合った葉を取り除き、風通しよく。ギボウシ、アルケミラなどこんもりと葉の茂るものも、葉をすいてやります。

5〜6月　雑草を抜き、病気害虫に応じて消毒

　この時期は雑草がどんどん茂り、病気や害虫も最も多く発生しますから、こまめに観察します。

　雑草は土の養分を奪ううえに、種をつけるとさらに増えますから、早いうちに抜くことが大切。

　病害虫は植物の種類によって違いますが、害虫は葉や花を食べるコガネムシやヨトウムシ、アブラムシなどがよく見られます。葉が白っぽくなるのはどんこ病。葉や花びらに黄色や黒の斑点ができてきたら、斑点性の病気です。

　病気や害虫を見つけたら、それに応じて消毒します。ただし、消毒は益虫まで殺してしまうので、回数は控えめに。多くの種類の植物を植えると、病害虫が減ります。植物の種類が多いとさまざまな益虫も集まり、害虫を減らしてくれるからです。

夏　6〜9月

花がらを摘む

　花が咲いたあとそのままにしておくと、養分が種を作ることに使われ、株が弱ります。養分が茎にいくようにするために、花が咲き終わったら、種をつける前に花がら摘みを。フロックスやルドベキア、アスターなどは、次に咲く花芽の出ている葉の上で切って、二番花を咲かせます。ゲラニウム、デルフィニウム、スカビオサなどは株元で切ると返り咲きをし、長く花を楽しめます。

　このときに油かすなどの追肥をすると、花が大きく育ちます。バラも花が終わったら剪定し、追肥を。

ここでカット

蒸れた葉を取り除く

　夏は蒸れが大敵。見た目が汚いだけでなく、病害虫のもとになるからです。バーバスカム、ジギタリス、ゲラニウム、カンパニュラ、ギボウシなどは、葉が茂りやすいので、蒸れて傷んだ葉をこまめに取り除き、多すぎるものは間引いて、風通しをよくしてやります。

　アジュガやタイムなど、繁殖力が旺盛で、テリトリーをどんどん広げていく植物もあります。そういう植物は育てる範囲を限定し、そこを越えないように除去し続けます。

ナチュラルガーデンを作ろう
多年草　手入れカレンダー

秋　10〜11月

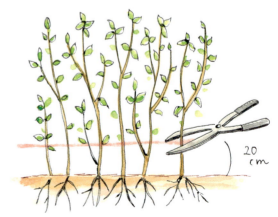

立性のものは切り戻す

　開花期が終わったら、どの多年草も茎を地表から20センチほど残してカットします。枯れた葉を取り除き、雑草も抜いて花壇をきれいにします。切り取った茎は、小さく切って株元に敷きます。これをマルチングといい、寒さから株を守るための作業なので、霜が降りる前にやるといいでしょう。霜に強く、まだつぼみをつけているものは、咲き終えるのを待って順に切っていきます。

　寒さに弱いものは早めに刈り込んで鉢上げし、暖かいところに移動させましょう。

増えすぎたものは株分けする

●フォークで分ける

　茎や葉が混みすぎたり生育が衰えてきた株は、掘り上げて株分けすれば、若返らせることができます。

　根が詰まっている株にはフォークが便利。二つのフォークを背中合わせにして株に差し込み、開いていくと、根を傷つけずに分けることができます。

　株分けの目安は3年に1回。株分けしたら苗の植えつけと同様に植え戻します。

●根をカットする

　ゲラニウム、カンパニュラ、ペンステモンなどは、株を掘り起こすと、根球化した太い根がある場合があります。こういう根はナイフなどで切り、若く勢いのある根を生かして植え直し、株を更新させます。

●ほふく性のものは節をカットする

　アジュガ、タイム、エゴポディウムのように地面を這いながら増えたり、地下茎で子株を増やしたりするものは、節と節の間でカット。古い株を新しい株に替えることで、更新させます。

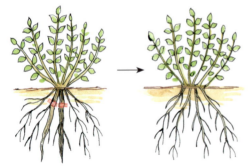

12～1月

株元に落葉やワラを敷きつめる

多くの植物は休眠期になります。冬、植物にダメージを与えるのは、雪よりも寒風による乾燥。
地上に芽が残るものは、株元に落葉や刈り込んだ茎を小さく切ったもの、ワラなどを敷きつめてマルチングし、霜焼けや冬の寒さ、乾燥から株を守ります。
枯れた茎は、10センチほど残して切ります。茎にマルチングが引っかかって、風で飛び散るのを防ぐためです。

枝に葉が残るものは、支柱を立てておおう

常緑のものはあまり刈り込まずに残します。
冬の寒風で枯れたり、雪で折れたりしないように、支柱を立て、周囲をワラなどでおおって冬越しを。ローズマリーなど広がるものは、枝をまとめて縄でぐるぐる巻いておいてもいいでしょう。

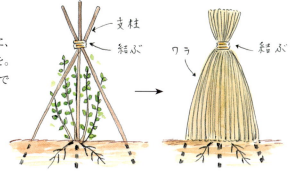

剪定・誘引をする

落葉樹の剪定、つるバラなどの剪定・誘引もこの時期に行います。
樹木の剪定は、まず混みすぎている枝を落として風通しよく。次に、横に向かって伸びる枝や根元から出るひこばえなどもカットします。樹木の芽は枝の内と外に交互に出ます。外側の芽の上で切ると、枝が姿よく込み入らずに伸びます。

つるバラの剪定は、元気な太い枝を残し、古い枝、細い枝、混んでいる枝をカット。残した枝は、先端を10～20センチほど切ります。
誘引するときは、太くて長い枝から。枝と枝の間は均等にあけ、枝を横に寝かせるようにして誘引します。咲いたときの姿をイメージしながら行うといいでしょう。誘引は遅くとも2月末までに。

2～4月　春の準備を始める

2月末から、徐々に落葉やワラの防寒を取り始め、前の年の枯れ残りなどを取り除き、花壇を整えます。クリスマスローズなど若い葉が出ているものは、若葉を2～3枚残して、古い葉はカットします。
今年は花壇のどこにどんな花を咲かせたいかイメージし、計画を立てましょう。それに沿って植えてある多年草をそのままにするか、場所を変えるか、新しい苗をプラスするか考えます。
植え替え・植えつけは、春少し暖かくなってからがベスト。植えるときは土を耕してから、植え替えないものでも、株の元を軽く耕して、通気性をよくしてやると元気になり、より美しい花を咲かせます。

シンプリーガーデンの Garden Column ③

庭の葉や木の実でリースを作ろう

インテリアとしても楽しめる、枯れた花や実

　庭の植物を剪定したり刈り込んだりするときに、瑞々しい葉が残っているのに捨てるのはもったいない、うまく使えないかと私は考えます。

　しなりのいい長い枝ならくるくる巻いて、リースにします。中でもローズマリーは香りもよく、緑も長持ちするのでよく使います。赤い唐辛子と組み合わせれば、キッチンリースにぴったりです。ユキヤナギの細い枝も、何本かまとめて巻くと、葉がなくてもナチュラルな雰囲気になります。暖かい地方でミモザの花が咲いたら、枝つきのまま切って丸めるリースもおすすめ。明るい黄色の花が春を運んでくれるでしょう。

　ラベンダーやエリンジウム、ヤローなどは、逆さまにしてしばらく乾燥させれば、鮮やかな色が残るドライフラワーになります。

　花は咲き終わったら早めに切るほうが、植物の生育の面からはいいのですが、私は一部はあえて切らずに残し、インテリアに使っています。シックな色になった立ち枯れのアジサイは、置くだけでナチュラルなディスプレイになります。ユリ科のものも結実した姿に風情があり、飾っても素敵。アリウムのアーティスティックな花の後、バラの赤い実、シロヤマブキの黒い実などもインテリアに使えます。

庭や山の材料でクリスマスリースを

　12月になったら、ぜひクリスマスリースを作ってみてください。リースの土台はフジ、野ブドウ、アケビなどのつるを巻いて作ってもいいし、市販の土台を使ってもいいでしょう。土台には常緑のコニファーやハーブ、ヒイラギなどをぐるりとつけます。その上に赤いバラの実やヒメリンゴ、白いハゼの実、マツボックリやドングリなどをバランスよくつけていけば、素敵なクリスマスリースができあがります。

　材料はお店で探すのも楽しいし、近くの公園や山に採りに行けばハイキング気分も味わえます。わが家の庭で採取したものがあれば、スペシャル感があってうれしいもの。ぜひ、手作りの楽しさを味わってください。

　枯れてもなお魅力的な置き土産を残してくれる植物たちに、自然のクリエイティブさを感じます。

イギリスガーデン紀行

2015年7月初め、「シンプリーガーデン」の佐藤春子さんはイギリスのガーデンとナーセリーを訪ね歩く旅に出ました。1週間で5つのガーデンを巡り、その見事さを堪能。佐藤さんが体験した本場のガーデンの素晴らしさを、ご自身が撮った写真とともにレポートします。

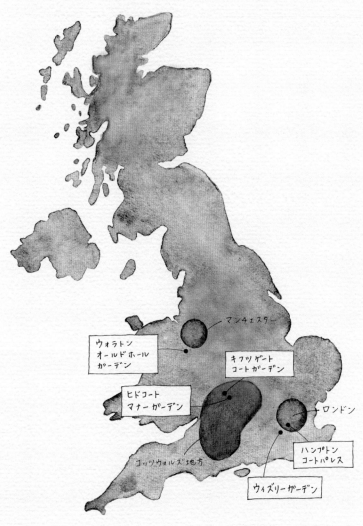

7月3日 | ハンプトンコートパレス　Hampton Court Palace
　　　　　フラワーショー

　前日にロンドン着き、ヒースロー空港近くのホテルに宿泊。朝、バスでロンドンのハンプトンコートパレスへ向かいます。ここは、広大な敷地を持つ旧王宮。豪華な宮殿内も素晴らしいけれど、目指すはフラワーショー。これはチェルシーフラワーショーと並ぶ、初夏の最大のフラワーフェスティバルです。今年も世界各国から、たくさんのガーデナーやガーデンデザイナー、植物のバイヤーたちが集まっています。

　混雑する人々の間を抜け、ショーガーデンのエリアへ。ここでは世界のガーデナーがテーマに沿ったガーデンを作り、テクニックを競うコンテストが開かれています。そのブースを見て回ると、ガーデンの傾向もわかります。数年前から、多様な植物を取り入れてより自然の環境を意識したガーデンが多くなり、今回もその流れを感じました。

　ナーセリーのブースで、花の傾向と新しい品種や色を見ました。新種にはnewのシールが貼られ、今年もダリアの新種が多く、ジギタリスも小花が目立ちます。多肉植物が広いコーナーを占め、注目度が高いと実感しました。

フラワーショー

小花のペンステモン、真っ赤なダリアなどであでやかな、ナーセリーのエリア。

大きな葉に茎の長いプリムラなど、日陰の植物のパステルカラーが目を引く。

新しい色のジギタリス。微妙な色が魅力の花びらは、先端の切り込みが深い。

ゴールドメダリストの庭。砂利を敷いたグラベルにはタイムが植えられ、徐々に高くしていく植栽が見事。

小ぶりのアガパンサス、細長いセージなどの中にグラスを入れて、高さを統一。こんな草原のような植栽（フィールドメドウ）が多く見られた。

ダリアはここ数年ブーム。この濃赤のダリアのほか、アプリコット色、花びらが細い菊のようなものもある。

古い品種のシャクヤクと、新しい品種のキャットミントの取り合わせが新鮮。

彩りも見事な多肉植物を植えたロックガーデン。タイムなどの小花との組み合わせも参考になる。

152

ハンプトンコートパレス　Hampton Court Palace
ボーダーガーデン

　フラワーショーの中にはデリカのブースもあり、そこで試食、試飲をしてランチをすませました。ショーの会場を出て、パレス内のガーデンを見に行きました。

　圧巻はボーダーガーデン。100メートルのロングボーダーが3か所あり、シーズンによってテーマも変わり植栽も変わります。ちょうど植栽の入れ替えをしているところを目撃。こうやってメンテナンスをしながら、常に美しいガーデンを保っているのです。ウォールにつる性の植物を這わせ、その前には背の高い植物。銅葉や明るい色の葉もの、グラス類を巧みに使って変化に富ませています。今回は、甘いアプリコット系の色や黒に近い赤の花が多く、グラス類も多く見られました。

　この宮殿は1505年に造られ、ヘンリー8世が王宮として改造。その後何度も改築されていますが、ボーダーガーデンの背景になっているウォールの重厚さは、歴史のある王宮ならでは。ダイナミックさと美しさに見とれました。さらに、サンクンガーデンといわれる水のあるガーデンのシンメトリーなデザインなどを眺め、夕方まで堪能。

ボーダーガーデン

ウォールを飾っているのは、赤紫のクレマチス。その下の黄色い花は銅葉のダリア。薄紫の花はゲラニウム。重量感ある見事なボーダーが延々続く。

黄色のヤローの中にピンクのスカビオサ、その奥にアプリコット色のヤロー。色のバリエーションも花のボリューム感もすごい。

ユリの一種リーガルリリー。花びらの外側は赤いが、内側は白。

大株になったオフホワイトのヘメロカリス。後ろにブルーと白のスイートピー、紫のクレマチス。

グラス類が入ると動きが出て、風を感じる。参考にしたい使い方。

153

7月4日 | ウィズリーガーデン　Wisley Garden

　レンタカーでロンドン郊外のウィズリーガーデンへ。
　ここは英国王立園芸協会が運営する4つのガーデンのひとつで、3万種類もの植物があり、17のエリアに分かれて、それぞれに違ったタイプのガーデンが作られています。園芸や植物を学ぶ研修生の勉強の場でもあり、訪れる人にも刺激を与えてくれます。とても広いので、ポイントを押さえて見ないと、回りきれません。
　ボリュームのあるボーダーガーデン、ハーブに草花を取り混ぜたナチュラルガーデン、ロックガーデン、ローズボーダー……どのガーデンもきちんと整えられ、植物の組み合わせの妙はとても参考になります。
　特に充実しているのがロックガーデン。アルパイン系の植物（高山植物）が豊富にそろい、こんなガーデンの作り方もあるのかと感心させられることしきり。
　園内のレストランのランチは、とてもおいしい。ナーセリーをのぞくと、新品種がたくさんあり、購入しました。
　もう一軒ガーデンに行こうと早めに出ましたが、渋滞に巻き込まれ、あきらめてコッツウォルズに向かいました。

入り口にある園内の地図。RHSは英国王立園芸会のこと。どのルートでどこを見るか決める。

オレンジ色のヘレニウムなどのボリュームのすごさ！縦、横、高さ、色の組み合わせも素晴らしい。

128メートルの見事なボーダーガーデン。左の写真と並んで、このガーデンの目玉となっている。

花が開いて白さを増したリーガルリリーがたわわに咲く。下の赤い葉のヒューケラと色を合わせていて、ゴージャスなのにシック。

球形のものは、花が終わったアリウム・ギガンチウム。咲き終わってもフォルムや質感がアーティスティックなら、切り取らないで残しても素敵。

森も残し、大きな木々をバックにガーデンが作られている。ピンクの花はフロックス。

紫のセージの向こうに黄色いヘメロカリス。道の向こうはグラス。広い土地ならではの大胆な使い方。

造園家として世界的に有名なペネロピ・ホブハウスがデザインした、ホワイト・ガーデン。

ロックガーデンの石の間にアルパイン系の多肉植物。
グリーンの葉はグロブラリア。

トラフ（家畜の飼料や水を入れる石を削った容器）
に、アルパイン系の寄せ植え。赤い花がかわいい。

愛らしい花が咲くグラベルガーデン。植物はそれぞ
れの植性に合った環境に植えられている。

石の水路を水が流れ、さまざまな水生植物を見るこ
とができる。

薄い石を縦に置いて、そのすき間に植物が生える。
高山の環境を作って植えている。

紫のラベンダーの中に白のレースフラワーやピンクのコスモス、ブルーのゲラ
ニウムやラベンダーなどが咲く、サンクンガーデン。

白のヤナギランの群生の間にブルーのゲラニウムが咲き、白さを際立たせてい
る。絶妙な色合わせ。

大きな石組みと植物の組み合わせがダイナミックなロックガーデン。後ろには
コニファーも植えられている。

いろいろなグラス類を植えたガーデンは、田園風景のよう。奥の建物は、ラ
イブラリーとカフェテリア。

7月5日 | コッツウォルズ　Cotswolds

　コッツウォルズ地方は、最もイギリスらしい田園風景が広がる丘陵地帯。コッツウォルズとは古い英語で"羊の丘"という意味で、かつては羊毛で栄えていたそうです。ここで採掘されるハニーストーンを使った石垣や建物は、のどかな風景を作り出しています。

　なかでもカッスルクームは、村全体が世界遺産になっている、絵本のような美しい村。中世からの建物や街並みに趣があるだけでなく、家の外壁につるバラが這っていたり、ウォールからつる性の植物が這い出していたり、外からでも見えるガーデンの植栽が素敵だったり。植物との豊かな生活が垣間見られ、温かい気持ちになります。

　宿泊はカッスルクームに近いチッペンハムのB＆B。

　次の日は6時に起床、8時に出発。まずオーハウスナーセリーに。ここはイギリスに行くと必ず寄る苗屋さん。オリジナルの開発に力を入れ、フラワーショーにも参加しています。毎回行っているのですっかり顔なじみに。ペルシカリア、エピロビウム（ヤナギラン）、ユーフォルビアなど20種類ほどの苗を買い、一路次のガーデンへ。

カッスルクームの村で。小さな古い家の縁に沿って草花が咲き、壁をつるバラが飾る。

屋根も壁も石でできた家が続くカッスルクームの街並み。中世にタイムスリップしたよう。

オーハウスナーセリーで買った苗。育て方の注意などを詳しく教えてもらう。

町の景観に合わせて建てられた家か。外から見えるガーデンのかわいらしさに、思わずパチリ。

曲線が美しいハニーストーンのウォール。緑と赤銅色の葉が素敵で、中のガーデンを見てみたくなる。

アーチの赤いバラがそのまま壁を伝っている。右手には、木に絡まるように白いつるバラが咲く。

パブで知り合ったチャーリーさんの小さなコテージガーデン。手前と奥にバラ。アーチは藤。

石積みの塀も、木の扉も、たっぷりと咲く野バラも、おとぎ話に出てくるようだ。

ウォラトンオールドホールガーデン　Wollerton Old Hall Garden

　コッツウォルズから北上し、昼過ぎにマンチェスターの近くにあるウォラトンオールドホールガーデン着。
　ここはすみずみまで手入れが行き届き、メンテナンスに時間と労力をかけていることがわかるプライベートガーデンで、週に2日しかオープンしていません。個人の庭といっても、普通の庭とは規模が違いますが。
　コニファーやイチイなどで囲まれたいくつものルームガーデンがあり、それをボーダーガーデンがつなぐ形になっています。どの方向から見ても、ビュースポットがある素晴らしいガーデンです。バラとクレマチスが多く、ちょうど見ごろで美しい。
　たくさんのイングリッシュローズを作り出した育種家デビッド・オースチンのバラ"ウォラトンオールドホール"は、この庭にちなんでいます。
　ティールームでクリームティーとスコーンをいただきました。キッチンガーデンのイチゴつきで4ポンド。
　B&Bに戻り、近くのパブでディナー。そこで知り合った常連客の庭を、明朝見せてもらうことになりました。

白とピンクの2種類のバラが、アーチにかぶさる休憩コーナー。右手にはハニーサックルも咲いている。

ピンクを主体にしたボーダーガーデン。手前の穂状の花はベロニカ、その向こうにヤロー、奥でまっすぐ立つピンク色はデルフィニウム。

イチイやツゲを四角、三角にきっちりと刈り込んだ植栽。緑だけで魅せる。

チューダー様式の建物に向かって延びるボーダーガーデン。奥にも左右にもバラがたくさんある。

赤いヘメロカリスやトリトマがインパクトを与える。ガゼボの向こうにもガーデンがある。

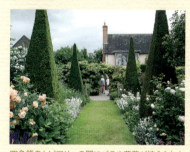
四角錐のトピアリーの間にバラや草花が植えられた、格調高いボーダーガーデン。

ウォーターガーデンはグリーンのウォールで仕切り、ドラマチックに演出。池にはアヤメが咲く。

白と黄色のガーデン。手前はクリサンセマム、背の高い黄色の花はリグラリア、奥に黄色のクレマチス。

7月6日 ヒドコートマナーガーデン　Hidcote Manor Garden

　朝、昨日約束したチャリーさんのガーデンを見せてもらいました。コンパクトにまとまっているコテージガーデンで、植物が大好きなことがよくわかります。ガーデンつながりでおじゃまさせてもらえたことがうれしい。
　10時半にヒドコートマナーガーデン着。マナーハウスとは荘園領主の家のこと。この庭は20世紀の初めに30年もの年月をかけて作られ、その後のイングリッシュガーデンに大きな影響を与えたと言われている名園なのです。
　広い庭園内は、イチイの生垣で29の趣の違うガーデンに仕切られ、どこも完成された美しさがあります。大きな葉の大胆な使い方、落ち着いた花の合わせ方など格調高い貴族の庭園で、ため息しか出ません。歴史を感じる庭園でありながら、世代が替わるとガーデナーも替わり、時代に合った庭作りをしているのも素晴らしい。
　緑の壁が続くロングウォークは幅10メートル。突き当たりのガゼボからの眺めは最高、領主気分になります。
　マナーハウスの道路をはさんだ向こうにも魅力的なガーデンがあり、そちらに移動。

茅葺きのコテージを背景に、四季折々変わるガーデン。手前の花はアストランティア。右に緑の生垣。

鳥のトピアリーの向こうは池。マナーハウスの庭園ならではのゴージャスな光景に出会える。

赤と緑のコントラストが鮮やかな印象のレッドボーダー。植物は季節に合わせて植え替える。

ピンクのプリムラ・キャンディラブラはかわいいというよりエレガント。グラスを使って甘さを抑えている。

黄色の細い花はリグラリア、白い花はカンパニュラ。縦のラインと大きな葉を大胆に使っている。

バラをメインに、さまざまな草花やハーブを配した華やかなローズウォーク。

反り返った花びらがかわいいユリ、マルタゴン。シャンデリアのよう。

ウッドランドガーデンの中に、リーガルリリーやアストランティアが咲く。

生垣と芝生のロングウォークは200メートル。突き当たりのガゼボからは遠くまで見渡せる。

この庭園はナショナル・トラストが管理。

キフツゲートコートガーデン　Kiftsgate Court Gardens

　こちらは女性3世代によって引き継がれているガーデンで、花の色はパステルカラーが多く、女性らしいチャーミングさがあります。ここに来ると全身の感覚が喜ぶような感じになり、楽しくなります。

　ここは丘全体がランドスケープのガーデンになっています。家の建つ高い場所のガーデンは色のハーモニーが楽しめ、低い場所のガーデンは温かい田舎の雰囲気が味わえます。ウォーターガーデンは静けさの中に花のコントラストが素晴らしく、つい見惚れてしまいました。

　ティールームでほうれん草のキッシュのランチをいただき、小花のウツギのポット苗を購入。

　アンティークショップを回って、B&Bに帰りました。

バラと草花が美しい。白のラベンダーの後ろにピンクのペンステモン。奥の建物はティールーム。

何種類ものゲラニウムを前に植え、後ろにはバラなどを植えている。やさしい色合い。

銅葉のアーチをくぐると、低いバラが咲くローズボーダー。奥には白いキフツゲートローズも咲く。

入り口の芝とエントランスをグラスのペニセツム・レッドボタンで仕切る。素朴で爽やかな雰囲気。

ヤローやウツギなどの花に囲まれたサンクンガーデン。ブルーの椅子とテーブルがあり、ロマンチック。

7月7日　スペシャルプランツナーサリー

　10時から、ナーセリーとガーデンのオーナーで、ガーデンデザイナーでもあるデリー・ワトキンさんの半日講座に参加。

　テーマは、ギャザリング。庭の花の合わせ方、花と木や下草のバランス、手入れの時期などをガーデン内で実践しながらの説明を受けました。帰国したらやってみよう。

　今日もアンティークショップを回り、B&Bへ。明日はカッスルクームを散歩し、買い込んだ苗を整理し、帰国の準備。来年もまた来られるようにがんばろう！

ガーデンの中に入って説明してくれるワトキンさん。花に関する英語ならだいたいわかる。

シックな赤い花や銅葉のレッドガーデンで、色合わせについて学ぶ。

2段のルイズドベッドになっている花壇。カンパニュラとゲラニウムが垂れるように咲く

黄色のプリムラ、明るい色のギボウシ、シルバーのイトススキで、ダイナミックで爽やかに。

佐藤春子

1996年に山梨県北杜市に「シンプリーガーデン」を開き、苗の販売、寄せ植え教室、庭のデザイン施工をするほか、5月中旬から6月末までオープンガーデンを実施。素晴らしいイングリッシュガーデンは、訪れる人を魅了する。2005年、英国王立園芸家協会日本支部から"コンテナガーデニング・マスター"の認定を受ける。

山梨県北杜市武川町柳沢3503　TEL 0551-26-3245
http://www.simply-garden.jp/

STAFF
取材・文　藤棚典子
写真　　　根岸佐千子
デザイン　高市美佳
イラスト　愛川 空
校閲　　　滄流社
編集担当　山村誠司

美しきナチュラルガーデン

監修　佐藤春子（シンプリーガーデン）
編集人　池田直子
発行人　永田智之
発行所　株式会社 主婦と生活社
　　　　〒104-8357 東京都中央区京橋3-5-7
　　　　TEL 03-3563-5129（編集部）
　　　　TEL 03-3563-5121（販売部）
　　　　TEL 03-3563-5125（生産部）
　　　　http://www.shufu.co.jp/

製版所　東京カラーフォト・プロセス株式会社
印刷所　大日本印刷株式会社
製本所　共同製本株式会社

Ⓡ本書を無断で複写複製（電子化を含む）することは、著作権法上の例外を除き、禁じられています。本書をコピーされる場合は、事前に日本複製権センター（JRRC）の許諾を受けてください。また、本書を代行業者等の第三者に依頼してスキャンやデジタル化をすることは、たとえ個人や家庭内の利用であっても一切認められておりません。JRRC（http://www.jrrc.or.jp eメール：jrrc_info@jrrc.or.jp 電話：03-3401-2382）

ISBN978-4-391-14838-1
落丁・乱丁・その他不良本はお取り替え致します。お買い求めの書店か小社生産部までお申し出ください。

©SHUFU-TO-SEIKATSUSHA 2016 Printed in Japan

＊この本に登場していただいた方々

岩井さん
川村和江さん
五味さん
原 いづみさん
松井さん
南 汰水子さん
米山君江さん
若宮稔美さん
Y・Oさん

「オールドエイジ」（ホテル・レストラン）
山梨県北杜市高根町清里3545
TEL 0551-48-2341
http://www.scotcreation.com/old-age/

「キャビン」（雑貨・カフェ）
http://www.cabin2008.com/

「香草庵」（そば）
長野県諏訪郡原村17217-3693
TEL 0266-70-2287
http://www.lcv.ne.jp/~kousouan/

「グリーン コテージ ガーデン」（苗・庭）
http://www.gcgarden.com/

「サンディア・カフェ」（カフェ）
山梨県北杜市小淵沢町10150-1
TEL 0551-36-6536

「野わけ」（貸別荘）
山梨県北杜市高根町清里165
TEL 0551-48-3308
http://www.kiyosato-nowake.com/

写真協力『花時間』
（KADOKAWA エンターブレイン）

「ボッテガ・ヴェスタ」（ステンドグラス）
TEL 0551-48-2322

「マジョラム」（イタリアン）
山梨県北杜市小淵沢町1558-5
TEL 0551-36-4620
http://marjoram-kobuchizawa.jp/

「むーあん」（ドライフラワー）
http://www3.nns.ne.jp/~muuan/

「八ヶ岳さろん星の雫」（カフェ・宿）
山梨県北杜市大泉町西井出8240-5090
TEL 0120-48-3010
http://www.yatugatake-salon.jp/

「われもこう」（ペンション）
長野県諏訪郡原村保健養地第2PV
TEL 0266-74-2413
http://www.lcv.ne.jp/~waremoko/